¿Guerra o paz en Colombia?

¿Guerra o paz en Colombia?

Cincuenta años de un conflicto sin solución

Carlos A. Lozano Guillén

EDICIONES
IZQUIERDA VIVA

ocean
sur

Argentina ▪ Bolivia ▪ Brasil ▪ Chile ▪ Colombia
Cuba ▪ El Salvador ▪ México ▪ Puerto Rico ▪ Venezuela

ISBN: 1-921235-14-4
ISBN 13: 978-1-921235-14-6
Library of Congress Control Number: 2006934547

Primera edición internacional 2006

Cuarta edición en Colombia, octubre de 2006
Edición actualizada, ampliada y corregida (Título original de las tres primeras ediciones de circulación exclusiva en Colombia: *¿Cómo hacer la paz? Reflexiones desde una posición de izquierda*).

Impreso en Colombia por Quebecor World, S.A., Bogotá

PUBLICADO POR OCEAN SUR EN ASOCIACIÓN CON EDICIONES IZQUIERDA VIVA, COLOMBIA

OCEAN SUR ES UN PROYECTO DE OCEAN PRESS

Australia: GPO Box 3279, Melbourne, Victoria 3001, Australia
Fax: (61-3) 9329 5040 ▪ Tel: (61-3) 9326 4280 ▪ E-mail: info@oceanbooks.com.au
EE.UU: PO Box 1186, Old Chelsea Station, New York, NY 10113-1186, USA
Tel/Fax: (1-212) 260 3690
Cuba: E-mail: oceanhav@enet.cu

DISTRIBUIDORES DE OCEAN SUR

Argentina: Cartago Ediciones S.A. ▪ E-mail: ventas@e-cartago.com.ar
Chile: Editorial "La Vida es Hoy" ▪ Tel: 2221612 ▪ E-mail: jrsolecerda@yahoo.es
Colombia: Ediciones Izquierda Viva ▪ Tel/Fax: 2855586 ▪ E-mail: cedano85@hotmail.com
Cuba: Ocean Sur ▪ E-mail: oceanhav@enet.cu
EE.UU. y Canadá: CBSD ▪ Tel: 1-800-283-3572 ▪ www.cbsd.com
El Salvador: Editorial Morazán ▪ E-mail: editorialmorazan@hotmail.com
Gran Bretaña y Europa: Turnaround Publisher Services ▪ E-mail: orders@turnaround-uk.com
Venezuela: Ocean Sur ▪ E-mail: venezuela@oceansur.com

www.oceansur.com
www.oceanbooks.com.au

Índice

A los luchadores, en todas partes, por la paz,
la democracia y el socialismo.

"A los vivos y a los muertos", como dijo el poeta comunista
Luis Vidales, Premio Nacional de Poesía y Premio Lenin de la Paz.

A la memoria de mis padres.

Sobre el autor

Carlos A. Lozano Guillén. Nació en Ibagué, Tolima (Colombia) en 1948. Realizó estudios de derecho y ciencias políticas. Periodista de profesión, es director del semanario *Voz* y miembro del Comité Ejecutivo Central del Partido Comunista Colombiano, de cuyo Comité Central ha sido miembro desde 1984 y del cual fue Subsecretario General. En su carrera académica, es colaborador de revistas nacionales y extranjeras sobre temas políticos y jurídicos, autor del libro *Las huellas de la esperanza* (1997), *¿Cómo hacer la paz? Reflexiones desde una posición de izquierda* (tres ediciones 1999, 2000), *Reportajes desde el Caguán* (2001), *El Marxismo: ideología en construcción* (2004), *Medios, Sociedad y conflicto* (2005), y ha publicado ensayos sobre las luchas sociales y la vigencia del socialismo.

También ejerce como catedrático universitario y conferencista invitado en universidades de Colombia, Venezuela, España y Noruega, Suecia, Austria y Alemania. Es colaborador del Centro de Estudios e Investigación (CEIS) y CORPEIS.

Dentro de su participación política fue dirigente de la Juventud Comunista Colombiana (JUCO) durante varios años, a la cual representó en el Buró Permanente de la Federación Mundial de la Juventud Democrática, con sede en Budapest, Hungría.

Ha participado en conferencias, foros, encuentros, asambleas, eventos y reuniones internacionales en América Latina y el Caribe, Europa Occidental y Europa del Este, Asia, África y Medio Oriente.

Participó en representación del Partido Comunista Colombiano en el XXVII Congreso del Partido Comunista de la Unión Soviética (PCUS) y en congresos de otros partidos, así como en el Foro de São Paulo, en reuniones del Consejo Económico y Social de las Naciones Unidas (ECOSOC) y de la Comisión de Derechos Humanos de la UNESCO y la CEPAL. Fue miembro de la Comisión Asesora de Paz de la Cámara de Representantes.

Ha recibido condecoraciones por parte de la Unión Soviética, la medalla de la Solidaridad Antiimperialista de la Federación Mundial de la Juventud Democrática, y de la agencia Prensa Latina, el Concejo Distrital de Bogotá, entre otros.

Presentación

El propósito inicial era reeditar el libro ¿*Cómo hacer la paz?* *Reflexiones desde una posición de izquierda*, cuya primera edición apareció en mayo de 1999 y la tercera y última en noviembre de 2000. Apenas comenzaba el proceso de diálogo de las FARC-EP y el gobierno de Andrés Pastrana Arango, en búsqueda de acuerdos definitivos de paz, en medio de la expectativa nacional e internacional. El ambiente nacional era favorable al entendimiento y a la reconciliación, aunque dentro y fuera del Gobierno se movían de manera amenazante las fuerzas contrarias a la paz, entre ellas la ultraderecha bipartidista, los altos mandos militares, la embajada de los Estados Unidos y ciertos representantes de gremios de la producción, sobre todo aquellos comprometidos con el paramilitarismo.

La idea conversada con Ocean Sur era agregarle un nuevo capítulo, para actualizarlo, con los episodios posteriores a la ruptura del gobierno de Pastrana y la declaratoria de guerra del gobierno actual de Álvaro Uribe Vélez, de fácil comprensión en Estados Unidos, Australia y América Latina. Sin embargo, revisando el libro original, el contexto del "momento político" es otro, pues realmente fue escrito en el marco del proceso de paz y cuando existía la expectativa de que éste fuera exitoso y abriera el camino de la solución política del conflicto colombiano. La parte histórica, ideológica y conceptual es intocable, no es necesario quitarle ni una coma, porque es elemental "la paz es revolucionaria", no importan las condiciones favorables o no de la coyuntura. Pero fue menester hacer varios ajustes en la introducción y en algunos capítulos, para actualizar el contexto histórico y sobre todo para explicar los cambios que se dieron después de la ruptura de los diálogos de paz y el tránsito a la guerra, en particular en la "era uribista" de la "seguridad democrática", la "estrategia global contra el terrorismo" —fiel copia de Bush—, y el Plan Patriota. Forzoso hacer un balance de la Mesa de Diálogo del Caguán. De tal suerte, al final casi salió un nuevo libro, aunque también podría decirse que es una versión corregida, modificada y aumentada de *¿Cómo hacer la Paz? Reflexiones desde una posición de izquierda.*

Cuando apareció el libro por primera vez, en el Establecimiento había una posición proclive a la negociación, aunque éste no tenía claros sus alcances y, sobre todo, la profundidad de los cambios en la vida nacional que se derivarían de la solución política del conflicto. Los poderosos grupos económicos (conocidos como los "cacaos"), observaban con recelo el arranque de la Mesa de Diálogo en San Vicente del Caguán, hasta el punto que representantes de ellos fueron casi los primeros en reunirse con el comandante de las FARC-EP, Manuel Marulanda Vélez, para preguntarle "cómo es eso de la mejor distribución de la riqueza", que promovían las FARC en los debates con el Gobierno.

Sin embargo, al acecho estaban los saboteadores de la paz, que sacaron las uñas en la antesala de lo diálogos, cuando se definía el despeje de lo cinco municipios[1] acordados entre la guerrilla y el Gobierno. El ministro de Defensa del momento, Rodrigo Lloreda Caicedo, conspicuo dirigente conservador, renunció al cargo, con el respaldo de la alta oficialidad, cuando le correspondía ordenar el retiro de los militares del Batallón Cazadores de San Vicente del Caguán, unidad insignia de la lucha contrainsurgente en el sur del país.

Se puede decir que el proceso del Caguán nació cojo. Sin todo el respaldo del Establecimiento, con la hostilidad de la cúpula militar y el saboteo de los enemigos agazapados de la paz. Nunca fue tranquilo el desarrollo de los diálogos, la característica fue la contradicción y la vacilación gubernamental. Hasta el punto que, mientras comenzaban las reuniones de los voceros gubernamentales y de la insurgencia, Pastrana pactaba con Washington el Plan Colombia y diseñaba la reingeniería militar para modernizar la capacidad bélica contrainsurgente del Estado colombiano. Siempre con la misma divisa: a la guerrilla hay que llevarla derrotada a la mesa de negociación. Fórmula fallida de los procesos anteriores, que sólo dejó el escalamiento del conflicto.

El 20 de febrero de 2002, en momentos en que la Mesa del Caguán pasaba por uno de sus peores momentos y el estancamiento llevaba varias semanas, un comando de las FARC secuestró un avión de la empresa Aires en el que viajaba el senador liberal Jorge Gechem Turbay, lo cual fue suficiente para que el presidente Pastrana anunciara la ruptura de los diálogos con las FARC y le declarara la guerra al grupo guerrillero, a partir de ese momento tachado de terrorista y narcotraficante, a lo cual el Gobierno se había negado de forma reiterada.

La decisión de la ruptura estaba tomada varios días antes, lo que Pastrana esperaba era el pretexto para hacerlo en condiciones de agredido y lo encontró en el secuestro del avión, aunque se trató de un acto de guerra, propio de la confrontación, que no se podía descartar en la modalidad que aceptaron las partes de dialogar en medio del conflicto.

El presidente Pastrana rompió el proceso bajo enormes presiones de la cúpula militar, la derecha y el gobierno de los Estados Unidos. Días antes, el senador Germán Vargas Lleras, exponente de la derecha liberal, realizó en el Congreso de la República un debate contra la zona de distensión en el cual exigió el fin de los diálogos con las FARC. Vargas Lleras contó con el respaldo de los altos mandos militares y de sectores ultraderechistas, al tiempo que fue alentado por la Embajada de los Estados Unidos en Bogotá. Los voceros gubernamentales se enfrentaron al senador reaccionario, defendiendo el carácter político de la guerrilla y negando que ésta fuera un cartel del narcotráfico. A los pocos días, protocolizada la ruptura, Pastrana y su gobierno cambiaron de opinión de forma tan rápida como decidió dar por terminado el proceso de paz.

El fin del proceso de paz, decretado de manera unilateral por el entonces presidente Pastrana, obedeció a que, estando en una etapa crítica, en medio de las exigencias de negociar sobre los temas fundamentales, el presidente Pastrana no tenía otra alternativa que abordar la agenda política, social y económica para su continuación, si realmente ese era su deseo. El dilema era entrar en la etapa de negociación en oposición de la pretensión de ruptura de la oligarquía o ponerle fin a los casi cuatro años de esfuerzo por la paz. Prefirió lo último y acabó con la positiva experiencia. Se repitió la historia de Caracas y de Tlaxcala:[2] cuando el diálogo entra en la etapa de la negociación de fondo, el Establecimiento presiona el final, porque no tiene interés en el cambio político. No hay la "voluntad de cambio" ni de reformas avanzadas para construir un nuevo país, sobre las bases de la democracia y de la justicia social.

Roto el proceso del Caguán, la ofensiva quedó en poder de la ultraderecha, que le abrió paso a su candidato Álvaro Uribe Vélez, quien ganó las elecciones e impuso su política de "seguridad democrática", que tiene como base la guerra, la confrontación y la represión contra el pueblo; fortaleció el Plan Colombia y puso en marcha el Plan Patriota con la ambición de derrotar a las FARC en 180 días. Uribe fracasó en el intento y en el segundo período presidencial, que apenas comienza, dice que es prioritario un proyecto de paz, aunque hasta el momento no lo ha expuesto.

En este sentido, se han hecho algunos ajustes en la introducción y en los primeros capítulos para actualizar los hechos históricos que son el contexto de la problemática tratada y se cambia el capítulo octavo que reproducía algunos reportajes del semanario *Voz* sobre el proceso de paz del Caguán, que después fueron publicados en su totalidad en un libro con el título de *Reportajes desde el Caguán*.[3] En su reemplazo se incluyen dos nuevos capítulos: "De los diálogos del Caguán al Plan Patriota" y "El segundo período presidencial de Álvaro Uribe Vélez", en que aparecen como lejanas las posibilidades de la solución política y la paz. También se incluyen un breve balance del proceso del Caguán y un análisis del "informe de los notables", comisión de la cual hizo parte el autor, que por encargo de la Mesa del Caguán (Gobierno y FARC) presentó unas recomendaciones para disminuir la intensidad del conflicto, avanzar hacia su superación y erradicar el fenómeno del paramilitarismo, el cual fue de buen recibo de ambas partes y del país. Es un documento que conserva actualidad.

Con todo, la línea política del libro se conserva inmodificable. La superación del conflicto mediante una negociación política que erradique las causas que lo originaron, sigue siendo una posibilidad real y el compromiso de los luchadores revolucionarios. La guerra es el arma de los intolerantes y de los que niegan la democracia en Colombia. La salida humanista es la táctica y la estrategia de los revolucionarios.

El autor

Prólogo del autor

I

La primera edición del libro *¿Cómo hacer la paz? Reflexiones desde una posición de izquierda*, apareció en mayo de 1999, en octubre del mismo año circuló la segunda y en noviembre de 2000 la tercera. Es menester decir, eludiendo falsa modestia, aunque sin pedantería, que fueron recibidas con interés en círculos académicos y políticos, con mayor razón de la izquierda, y en sectores populares. De alguna manera fue un referente en el debate nacional, de tanta actualidad, sobre el tema de la paz y de sus vicisitudes, como diría el inolvidable comandante Jacobo Arenas, en el marco de un proceso de diálogo difícil y escabroso de las FARC-EP y el gobierno de Andrés Pastrana; y de la espera para que los escollos para la Convención Nacional del ELN fueran removidos.

El autor fue invitado a varias universidades (Nacional de Colombia, Externado, Andes, Santo Tomás, Jorge Tadeo Lozano, Surcolombiana de Neiva, Cauca, Antioquia, Atlántico, entre otras), incluyendo del exterior (Venezuela, España, Austria, Alemania y Noruega); igual a participar en conferencias, talleres, seminarios y paneles en círculos académicos, sindicales y populares, y aún en gremios de profesionales como la Asociación de Abogados Laboralistas de los Trabajadores, FESCOL, CORPEIS, CEIS y otros, a exponer las ideas contenidas en el libro, que sin pretensiones de acabar el tema o de dar soluciones mágicas al conflicto político, social y armado, por lo menos apunta a promover la reflexión y la discusión sobre aspectos medulares de la vida nacional y del devenir colombiano desde una posición de izquierda.

En el gobierno de Andrés Pastrana, debe reconocerse, se crearon condiciones para los diálogos con las FARC-EP y también, en forma tardía, se dieron los acercamientos con el ELN; se hizo evidente el ferviente deseo de los colombianos por la paz. Desde todos los sectores del país, aun de la cúpula del poder dominante, se habló de la reconciliación nacional y de la necesidad de la paz, sólo un pequeño grupo militarista y de corte fascistoide, desadaptado a la perspectiva de la renovación democrática del país, se aferró a la solución militar del conflicto. Fue precisamente el que se impuso al final. Tanto esfuerzo fue flor de un día, porque la ruptura demostró que Pastrana no estaba preparado para ir hasta el final: la firma de un tratado de paz para establecer nuevas condiciones de poder, democráticas, pluralistas y de cambios sociales.

Como se advierte en uno de los capítulos, la "voluntad de paz" choca con la ausencia de "voluntad de cambio" en la esfera de la clase dominante. La oligarquía, apoltronada en el poder político y económico, es renuente a la apertura democrática, política y social. Cuando el proceso con las FARC-EP estaba en "luna de miel" por la adopción de la "Agenda Común", se repitió la historia de los procesos anteriores. La oligarquía entendió que la paz con las FARC-EP es viable pero con democracia y justicia social; de inmediato inició el reversazo y apareció la cadena de trabas a la Mesa de Diálogo, que tuvo momentos espeluznantes como el collar-bomba y también críticos como el de septiembre de 2000, cuando el Gobierno Nacional congeló el proceso, por tercera o cuarta vez, en este caso por el desvío de un avión de Aires a San Vicente del Caguán por Arnobio Ramos, un miliciano de las FARC, que se encontraba detenido en Bogotá.[1] Todos fueron pretextos para desacelerar el desarrollo de la "Agenda Común". En los primeros 18 meses, con la realización de las audiencias públicas y la amplia participación en ellas de sindicalistas y sectores populares, escasamente se abordó el primer ítem del primer punto de la agenda, sin que hubiera un solo acuerdo. La historia se repite. Igual que en Caracas y Tlaxcala, la derecha presionó la ruptura porque no tenía interés en los cambios políticos, económicos y sociales. No existió la "voluntad de cambio".

II

Si algo revela el desinterés de la clase dominante por las inquietudes progresistas de los colombianos, expresadas en miles de propuestas para reformar la estructura del empleo en Colombia en desarrollo del primer tema de las audiencias del Caguán[2], fue la ausencia en éstas de los altos funcionarios gubernamentales y de los flamantes representantes de los gremios de la producción. El encuentro fue de las organizaciones sindicales, sociales, agrarias, cívicas y populares con la guerrilla. Temas como las privatizaciones, los despidos, la penalización de la lucha social, la apertura neoliberal, los desplazados, la cultura, la juventud, la crisis de la salud, la educación, la vivienda, colocados en el centro de las discusiones temáticas, sacaron a flote la comunidad de intereses y de aspiraciones de la guerrilla y del pueblo colombiano.

Las audiencias públicas mostraron las dos Colombias. Una pequeña minoría, a la que siempre favorecen las encuestas de los publicistas del gran capital, incluidos los medios de comunicación en manos de los poderosos grupos económicos, que no quiere cambios y defiende a ultranza, mediante la violencia reaccionaria —que algunos de sus promotores llaman "violencia legítima del Estado"—, el *statu quo* de atraso y de miseria en favor del gran capital; y la mayoría del pueblo (ubicado en lo que algunos llaman los estratos 0, 1, 2, 3, y 4), concepto en el cual bien caben los sectores más empobrecidos, en los límites de la pobreza absoluta, los que se hallan en los niveles de pobreza y un importante sector social de capas medias, cada vez más asfixiado por la explotación capitalista y la ausencia de oportunidades. Fueron las dos Colombias, de grupos antípodas, enfrentadas en el Caguán, cada una en defensa de sus intereses, lo que puso de relieve que sólo con cambios de fondo será posible allanar el camino de la solución política del conflicto y de la paz. Las audiencias públicas, en cierta forma, fueron expresión también de la lucha de clases, de la contradicción fundamental entre la forma privada de apropiación y la forma social de la producción, como explicara Carlos Marx hace más de 150 años.

III

Esta realidad indica que existen condiciones favorables para que los sectores sociales y populares avanzados, proyecten, con denodados esfuerzos, la búsqueda de la unidad y la concreción de movimientos alternativos al bipartidismo y de replanteamiento estructural e institucional del sistema colombiano. Así, han surgido desde distintos niveles de las formas de lucha, importantes propuestas, todas animadas en la necesidad de confrontar el sistema imperante y de plantear un nuevo poder para la renovación democrática y social de la vida nacional.

Cada proyecto hace su recorrido político de manera autónoma, con sus propias experiencias y componentes, sin ningún tipo de contradicción fundamental antagónica, aunque como lo expresó Jaime Caycedo Turriago, Secretario General del Partido Comunista Colombiano, en el acto central de celebración del 70 aniversario del Partido, el 19 de julio de 2000, en Bogotá:

...Hay distintos procesos que se están gestando... Hay un proceso también de radicalización en muchos aspectos y un proceso nuevo de reagrupamiento de fuerzas en el cual estamos jugando, y creemos debe constituirse en el proceso director fundamental de toda la lucha y la acción de las fuerzas democráticas de la izquierda buscando un camino propio... Tenemos que pensar más en grande el problema de la unidad en este país, y que la conjugación de todos los acumulados de la fuerza, que la historia de este Partido y de otros partidos, y de otras formas de lucha que se han construido en Colombia, tienen que poder jugar en alguna hora de la historia, un papel decisivo en la transformación, siempre y cuando podamos unir esos esfuerzos, en lo que podamos llamar un movimiento de movimientos y la construcción de una dirección continuada del conjunto de las fuerzas avanzadas y revolucionarias, incluyendo desde luego los movimientos insurgentes, en la perspectiva de poder crear las bases de esa unidad de la unidad que haga posible el sueño que todavía estamos viendo como utópico...[3]

Lo prioritario es buscar la movilización popular, la reanimación del movimiento de masas para enfrentar la onda neoliberal y del capitalismo salvaje, que pretende fortalecer el modelo y las recetas fondomonetaristas en beneficio de los grupos económicos, el capital financiero y las transnacionales. Es un nuevo ciclo de la lucha social en un proceso dialéctico de combinación y articulación de las formas de lucha de masas, que ha sido reprimida mediante el terrorismo de Estado, la guerra sucia y la penalización de la lucha popular. Pero nunca acabada ni exterminada. Este es un aspecto primordial para entender el papel del movimiento popular en el logro de la paz y de cualquier cambio democrático y revolucionario, porque existe la falsa creencia en algunos sectores intelectuales, que en Colombia este ha sido eclipsado o remplazado por el movimiento guerrillero, que si bien es cierto tiene un especial protagonismo político y militar, no ignora la rebeldía ni el papel histórico de las masas en los cambios revolucionarios. Es más, entiende su plena articulación como lo ha reconocido en distintos pronunciamientos y declaraciones.

Al contrario de lo que creen algunos intelectuales, historiadores y analistas del movimiento social, la ausencia de un movimiento sindical y popular fuerte e influyente no se debe a la existencia de las organizaciones guerrilleras. Más bien, la lucha armada revolucionaria ha sido un freno para la generalización de la guerra sucia y para que no sean eliminadas las precarias libertades democráticas.

Al respecto dijo Jaime Caycedo, Secretario General del Partido Comunista Colombiano, en el acto político central del XXII Festival de *Voz* en Bogotá:

> No es cierto que la lucha guerrillera sea contraria a la democracia. Es una garantía para una democracia que abra puertas al pueblo colombiano. Que supere los elementos de exclusión, que permita que muchas voluntades, voces, brazos, entren a construirlo más allá de la visión de la oligarquía tradicional que intentó crear como camisa de fuerza de una falsa democracia errática e inexistente, como la que denunciamos en la campaña electoral...[4]

La debilidad del sindicalismo deviene de factores muy específicos, como el terrorismo de Estado, la represión mediante la penalización de la lucha social y sindical, el modelo neoliberal que ha puesto en marcha políticas de despidos y privatizaciones que han afectado la estructura del sindicalismo y debilitado sus organizaciones de base tanto en las entidades públicas como en la empresa privada; y también, desde luego, a las prácticas conciliadoras y débiles de ciertos dirigentes sindicales, que en muchos casos terminaron cooptados por el régimen. Este último aspecto le ha hecho perder confianza a la organización sindical en ciertos núcleos de trabajadores, porque la ven como plataforma de lanzamiento de oportunistas y pequeños caudillos.

El modelo neoliberal es un fenómeno mundial, en el marco de la globalización, aunque en Colombia esté mediatizado por la violencia reaccionaria que siempre se ejerce desde el poder. Sin embargo, lo que muestra la resistencia en todo el orbe a esta política demoníaca del capitalismo, es que el camino es la organización y la acción de las masas, que incluye el fortalecimiento de las organizaciones sindicales y populares pero no sólo para las luchas "economicistas" sino esencialmente políticas que han colocado en la picota a los gestores del modelo, en particular al Fondo Monetario Internacional, el Banco Mundial y la Organización Mundial del Comercio, agenciados por la orientación norteamericana, líder del capitalismo mundial. Las reuniones del Foro Social Mundial y de los Foros regionales, las marchas y movilizaciones contra el capitalismo, el Fondo Monetario Internacional y el modelo de la globalización neoliberal, así como la campaña porque "Otro mundo es posible", demuestran la rebeldía y la inconformidad de las masas a nivel mundial.

Este es el camino de la lucha social colombiana. Se podrán ensayar novedosas formas de inconformidad y resistencia a las políticas de los gobiernos de turno, que en realidad representan los intereses de la clase dominante, pero ninguna reemplaza a la movilización y a la "lucha callejera", que es parte de la esencia misma de la expresión social y popular en todos los tiempos. Son los estallidos sociales, incluso insurreccionales, que siempre tendrán como protagonista a las masas, que son el motor de los cambios y del progreso social.

IV

Un comentario especial merece el Plan Colombia, instrumento intervencionista y contrainsurgente del imperialismo, cuya ejecución se convirtió, cuando empezaba el proceso del Caguán, en el principal obstáculo para la solución política del conflicto. Así lo advirtieron tirios y troyanos, pese a las explicaciones inanes del gobierno de Pastrana y de la administración norteamericana. El Plan Colombia fue repudiado aun por países vecinos como Ecuador y Venezuela, sobre todo el primero que fue víctima de los efectos nocivos de las fumigaciones y de la militarización de la frontera.

En mayo de 1999, cuando se terminó de escribir la primera edición del libro, aún no se percibía el verdadero filo del Plan Colombia. Su versión en inglés, publicada en Colombia apenas en octubre del mismo año, era desconocida, y en el análisis se trabajó con la versión del Departamento Nacional de Planeación, de corte "asistencialista" y casi filantrópico. Desde entonces mucha agua pasó por debajo de los puentes y el país fue empujado a un escalamiento de la confrontación. El gobierno de Pastrana acogió el modelo de la oligarquía colombiana de "darle duro a la guerrilla" con la vana intención de llevarla en condiciones de derrotada a la Mesa de Diálogo y Negociación.

La ruptura del proceso de paz en el gobierno Pastrana y la declaratoria de guerra del siguiente de Uribe Vélez, alejaron las perspectivas de paz, aunque no eliminaron la posibilidad de alcanzarla, porque las fuerzas democráticas y revolucionarias han demostrado la voluntad de paz, en el entendido de que la vía incruenta es mejor para buscar los cambios políticos, sociales y económicos de fondo que el país requiere para salir del conflicto de más de medio siglo de duración.

V

Durante la campaña electoral para la elección presidencial en 1998, sobre todo antes de la segunda vuelta, el entonces candidato

Andrés Pastrana se comprometió a fondo con una política de paz y de solución política del conflicto colombiano. Ya elegido, se reunió en julio de 1998, en las montañas de Colombia, con el comandante en Jefe del Estado Mayor Central de las FARC-EP, Manuel Marulanda Vélez, y con el comandante Jorge Briceño, del Secretariado del Estado Mayor Central. Fue la antesala del proceso de paz, que arrancó después de la desmilitarización de cinco municipios, equivalentes a 42 mil kilómetros cuadrados del territorio colombiano.

Entonces, el presidente Pastrana estableció como parte de su estrategia de paz, la conformación con la ayuda internacional del "Fondo Marshall" para la inversión social en las zonas de conflicto y de los llamados cultivos ilícitos. Según el mandatario sería una millonaria asistencia económica para redimir las regiones olvidadas y asistirlas en el desarrollo social. Poco después, más concretamente en diciembre de 1999, en Puerto Wilches (Santander), el Departamento Nacional de Planeación (DNP), presentó el Plan Colombia, con el slogan pastranista de "Cambio para construir la paz".

El Plan Colombia, en versión del DNP, fue presentado en el país y en el exterior como un proyecto "asistencialista" en lo fundamental, con el objetivo de hacer inversiones sociales en zonas deprimidas del país por un monto de US$7,500 millones. El recaudo gigantesco provenía de la ayuda internacional (Estados Unidos y Europa occidental), con cargo al Presupuesto Nacional, por la inversión de Bonos forzosos de Paz de los capitalistas criollos, redimibles a cinco años con intereses y exentos de impuestos y por empréstitos contratados con el FMI, el BM, el BID y otras entidades de crédito.

Sin embargo, en octubre de 1999, en el albor del accidentado proceso de aprobación de la ayuda en el Congreso de los Estados Unidos, en particular por los cuestionamientos a los militares colombianos en materia del respeto a los derechos humanos, se conoció otra versión del Plan Colombia, de texto original en inglés, que fue traducida y divulgada en Colombia por el periódico *Desde Abajo*. Esta versión norteamericana, soporte del proyecto de ayuda económica de US$ 1,600 millones, incluía además del "componente social" un "componente militar" de corte contrainsurgente y guerrerista que desató los temores en Colombia y en la comunidad internacional.

El Plan Colombia se evidenció así, como un instrumento intervencionista, con el objetivo de atacar a las organizaciones guerrilleras y de abortar la Mesa de Diálogo del Caguán. Apareció así el Plan B, en una combinación adecuada de zanahoria y garrote, teniendo como pivote al gobierno de los Estados Unidos.

Tanto el gobierno de Clinton como el de Pastrana explicaron que el Plan Colombia era un puntal de la lucha contra el narcotráfico y que en ningún momento las guerrillas debían temer de su aplicación. Aunque la realidad se encargó de desmentir las explicaciones de ambos mandatarios y gobiernos. El Plan no era contra los carteles del narcotráfico en Colombia y los Estados Unidos, ni tampoco contra las poderosas redes de distribución en las ciudades norteamericanas y europeas. La final aprobación de la ayuda gringa de US$1,300 millones disipó cualquier duda que pudiera haber al respecto:

El 82% de la misma fue destinada a crear más batallones contrainsurgentes, entre estos uno de 12 mil hombres en la Base de Tres Esquinas (Caquetá), a sólo 10 minutos en helicóptero de San Vicente del Caguán, sede de los diálogos de paz; en una base militar de la Séptima Brigada en el Meta, asesores militares de Estados Unidos entrenaban dos mil paracaidistas con la misión especial de atacar los municipios del área del despeje; también recibieron varios helicópteros artillados *Black Hawk* y Huey, además de aviones espías y otros elementos bélicos, amén de la puesta en marcha de la Central de Inteligencia de Tres Esquinas, la más sofisticada de América Latina.

Todo este aparataje de guerra, según explicaron los voceros de la Casa Blanca y del Palacio de Nariño, estaba encaminado a erradicar los cultivos ilícitos, conformados por 120 mil hectáreas cultivadas en hoja de coca y amapola, por campesinos desarraigados de sus tierras, desplazados de la violencia o empobrecidos por la ausencia de una política social en el campo, y sobre todo marginados de una reforma agraria integral. Las cifras de la "ayuda" norteamericana desmintieron esta explicación, porque para la sustitución de cultivos ilícitos escasamente se destinó el 9%. Con semejante parafernalia para destruir el 50% de los "cultivos ilícitos" en dos años, según el plan inicial, la realidad demostró otra cosa, porque al cabo de ocho años del Plan Colombia son más de 300 mil las hectáreas de coca y amapola cultivadas en el territorio nacional. Sin embargo, no ha sido óbice para que se persista en las fumigaciones, incluyendo los parques naturales como La Macarena y otros en el gobierno de Uribe Vélez.

El filo del Plan Colombia fue contrainsurgente. El presidente Andrés Pastrana lo aceptó con cinismo, una vez rotas las conversaciones de paz. Es para la guerra y obstaculiza cualquier proceso de paz. Los militares envalentonados con él anunciaron la pronta derrota de las guerrillas. Desde entonces han pasado ocho años más de guerra, de dura confrontación, de degradación del conflicto, de violación de los derechos humanos y de mayor miseria para los colombianos.

El Plan Colombia, puesto en marcha en coincidencia con el proceso de paz con las FARC en la administración Pastrana, se convirtió en el principal factor de desestabilización de éste.

> … (El Plan Colombia) no sólo ha sido contraproducente en términos de la confrontación efectiva del problema de las drogas, sino que también ha resultado demasiado costoso para lo que se supone es el objetivo principal del gobierno de Andrés Pastrana: la resolución negociada del conflicto armado.[5]

El interés de los Estados Unidos y de la oligarquía colombiana fue asegurar por todos los medios la subsistencia de la apertura de mercado neoliberal, que es en realidad el objetivo del Plan Colombia y del intervencionismo gringo. De por medio están grandes intereses económicos representados en las principales empresas estratégicas del Estado y en los recursos naturales del país. Es la voluntad del llamado Consenso de Washington. El neoliberalismo está en contravía de un proceso de paz exitoso, porque éste implicaría el cambio del modelo económico y ese paso no está dispuesto a aceptarlo el poder del gran capital tanto de las transnacionales estadounidenses como de los grupos económicos colombianos.

La confrontación al Plan Colombia, desde la orilla popular, es radical e integral. Quedaron aisladas las posiciones dubitativas y conciliadoras en el sentido de que era necesario apoyar el "componente social" y rechazar el "componente militar". El Plan Colombia es un universo, con un solo objetivo: la guerra contrainsurgente y la creciente intervención norteamericana.

Con toda razón el Plan Colombia despertó inquietudes en los países vecinos y en Europa. El temor es que la guerra se extienda más allá de las fronteras colombianas, en una paulatina "vietnamización", acompañada de la violación de los derechos humanos y del terrorismo de Estado como suele suceder. Son soportes para la acción de los colombianos por la paz. Y elementos que demuestran que sí es posible producir un viraje, con apoyo nacional e internacional, en el sentido del respeto al anhelo nacional de darle solución política al conflicto social y armado de más de cincuenta años.

El autor

Comentarios

I

"Estamos dispuestos a dialogar, pero nunca a entregarnos"

Reciba de las Fuerzas Armadas Revolucionarias de Colombia, Ejército del Pueblo (FARC-EP), un bolivariano saludo, con especial motivo por la presentación de su libro *¿Cómo hacer la paz? Reflexiones desde una posición de izquierda*, que consideramos un aporte a la discusión general sobre el tema.

La guerra que vivimos los colombianos hace más de cincuenta años es responsabilidad del imperio y sus representantes nacionales en el Estado y sus diferentes gobiernos; el pueblo organizado de diferentes maneras no ha hecho más que ejercer su legitimo derecho a la defensa, a la rebelión y a la lucha por una vida digna y en paz.

Desde nuestro origen como FARC-EP y en todos nuestros antecedentes, la bandera de la paz, la propuesta de encontrar una solución diferente a la guerra, al conflicto social y armado que vivimos, la hemos mantenido en alto, pero no hemos encontrado respuesta válida de los interlocutores. Hasta ahora el desarrollo del terrorismo de Estado como política oficial, la guerra sucia fiel a su interpretación fascista de imponer una solución a sangre y fuego, la pretendida pax romana erigida sobre el silencio de los sepulcros, ha sido su inaceptable respuesta.

Como organización político-militar, como pueblo en armas, representamos e interpretamos a la mayoría de los colombianos, a los excluidos por el régimen, a los pobres, que sin embargo son los que producen la riqueza del país, a los campesinos, a los desplazados por la violencia de muchos años, a los estudiantes que producto del sistema se han quedado sin horizonte, a las amas de casa sostén de la familia, en fin a hombres y mujeres que prefieren morir luchando que vivir arrodillados.

Es falso el dilema de la guerra entre aparatos militares. La guerra es entre clases sociales y sus organizaciones. De un lado, la mayoría: el pueblo y sus organizaciones políticas legales, desgraciadamente casi liquidadas por el terrorismo de Estado, y la guerrilla a la que no le dejaron otra opción en el cumplimiento de su papel como revolucionarios. De otra parte, el imperio, la oligarquía y sus organizaciones, en la que cumplen papel preponderante, por el carácter violento del sistema, las Fuerzas Armadas oficiales, con su extensión de guerra sucia, los paramilitares. A pesar y con el dolor de muchos y muchas, la lucha de clases sigue siendo el motor de la historia.

Nuestra propuesta es la construcción de una nueva Colombia, de una patria en la que quepamos todos los colombianos, con dignidad, con soberanía, con justicia social y económica, por eso, afirma nuestro Comandante en Jefe, Manuel Marulanda Vélez, en reciente entrevista, refiriéndose al proceso actual y a nuestras propuestas: "Este proceso es diferente a otros cuando la insurgencia pactó sin condiciones, sometiéndose a leyes vigentes. Hoy se trata de reestructurar, transformar el Estado con soluciones sociales y mediante acuerdos que requieren tiempo y paciencia.

Si decidimos intentar la búsqueda de una solución negociada es porque entendemos que es posible en la medida que el Gobierno y la oligarquía se muestren con verdadera voluntad de paz. En sus manos está la suerte de este experimento de paz".

Ratificamos nuestra inquebrantable voluntad de paz; el proceso para construirla, con el gobierno del presidente Andrés Pastrana, sigue su curso. Y de nuevo, como afirmó el comandante Marulanda: "Aclaramos que estamos dispuestos a dialogar, pero nunca a rendirnos".

Como es de conocimiento público, la etapa de los diálogos concluyó con la aprobación de la Agenda Común para el Cambio hacia una Nueva Colombia y los mecanismos de participación ciudadana, especificados en el documento "Por el Cambio: Encuentro con la Nación". Estamos listos para iniciar la nueva etapa.

Sin desconocer las innumerables dificultades que se han presentado y se presentarán, confiamos que el proceso se consolide y nos permita a los colombianos vivir en la nueva Colombia que será nuestra patria en paz.

Comandante Raúl Reyes
Miembro del Secretariado de las FARC-EP
Responsable de la Comisión Internacional
Vocero en la Mesa de Diálogo y Negociación
Montañas de Colombia, junio de 1999

II

La paz no se negocia, se concreta: Propuesta de un comunista para alcanzar la paz

Me complace mucho que Carlos A. Lozano Guillén, militante comunista destacado y periodista de izquierda revolucionaria, como a sí mismo se denomina, me haya permitido elaborar estos comentarios para darlos a conocer en la presentación de su libro *¿Cómo hacer La Paz? Reflexiones desde una posición de izquierda*, acto en el cual lamentablemente no puedo estar presente, pero al que me sumo simbólicamente con estas breves reflexiones.

La paz no se negocia, se concreta si hay voluntad de cambio, parece ser la síntesis de la fórmula, polémica sin duda, que plantea Carlos Lozano para encontrar la solución política al conflicto armado colombiano. Y para llegar allí, a parte de considerar que "en Colombia la violencia es un fenómeno histórico y socio-político, impuesto 'desde arriba' para defender privilegios e intereses políticos y económicos" y añade más adelante, "el poder no conoce otra forma de enfrentar el conflicto sino a través de la violencia, de la represión a las masas populares y de la persecución a toda oposición democrática, social y revolucionaria", por ello afirma categóricamente que "el conflicto armado en Colombia es parte del proceso político en los últimos cincuenta años".

Lozano toma distancia de la afirmación tan en boga que considera que la paz depende de la existencia de voluntad y plantea que "en el conflicto colombiano 'la voluntad de paz' debe estar

17

estrechamente relacionada con la 'voluntad de cambio', la que no es evidente en las clases dominantes renuentes a tolerar una apertura democrática y social para transformar a Colombia". Y es que para el autor la paz no se puede entender solamente como el desarme de los colombianos alzados, "la paz es viable mediante un tratado político y social, que implique el desmoronamiento del poder tradicional antidemocrático y despótico del bipartidismo y la superación de las abigarradas formas de injusticia social".

Por ello, si bien el autor saluda como un avance importante la Agenda Común lograda entre los voceros del Gobierno Nacional y las de las FARC, toma prudente distancia crítica acerca de las posibilidades del proceso con el gobierno de Pastrana, porque si bien reconoce que este "ha privilegiado el diálogo hasta el momento", anota con buen tino que la política de este Gobierno "descansa en el Plan Colombia, estrategia para invertir en necesidades sociales en las zonas más afectadas por el conflicto" que tienen el riesgo cierto de ser "soluciones asistencialistas, que de alguna manera soslayan los cambios políticos y sociales de fondo". Por ello concluye esta reflexión resaltando que "la política de Pastrana es de doble vía, como lo es también la 'voluntad de paz' de la oligarquía colombiana, que mientras le concede espacios a las FARC-EP se los cierra al ELN".

Por ello para Carlos Lozano, el antídoto para el anterior riesgo es "la participación política, social y popular, porque ningún proyecto de paz puede adelantarse al margen de la sociedad (llámese civil o como se quiera), la que debe aportar a la agenda y al contenido de las discusiones para concretar un acuerdo", que garantice una paz, resultando "con participación del pueblo, para lograr más democracia, pluralismo, participación ciudadana, redistribución de la riqueza, reforma agraria, un nuevo modelo de desarrollo, soberanía nacional y renovadas Fuerzas Armadas democráticas y bolivarianas".

Quiero resaltar un aspecto adicional, sin duda también polémico, que toca el libro de Lozano y es considerar que "el diálogo es un punto de encuentro de la lucha armada con las luchas populares y de masas, que se articulan en el objetivo de la renovación democrática y social del país", porque si la paz logra crear un nuevo contexto para el país "podían darse las condiciones para el surgimiento de una opción alternativa de poder de las fuerzas de izquierda y democráticas", que en opinión del autor, esa izquierda "para que realmente sea tal y no simple caricatura, debe ser independiente y autónoma del Establecimiento, actuar diferente a los partidos tradicionales y por fuera del entorno político y social que estos generan, con ética revolucionaria y en función de los intereses populares y de la conquista de un nuevo poder democrático y popular". Y le agregaríamos nosotros, sin pretensiones dogmáticas o hegemónicas a su interior, ejerciendo realmente la democracia interna y con un discurso renovado, pero claramente a favor de los sectores populares.

Como ven, el texto de Carlos Lozano es una muy buena contribución a la comprensión de los problemas de la guerra y de la paz, un documento para la polémica, como son los buenos libros, porque adicionalmente, el libro polemiza con la concepción en uso en los medios de comunicación del término de sociedad civil y los alcances que se le pretende dar, plantea su propia análisis sobre el paramilitarismo, probablemente desconociendo elementos societales que están implícitos en el mismo, igualmente la responsabilidad histórica de los Estados Unidos en relación con el conflicto armado colombiano y cómo su papel ahora deberá orientarse a estimular la solución política negociada, entre otras, para resarcir la cuota de culpa que le corresponde.

Los lectores tienen, a nuestro juicio, una obra de indispensable lectura y a ello los invito con la mente abierta y crítica que esta literatura necesita y requiere. Felicitaciones para Carlos y un fuerte abrazo.

Alejo Vargas
Ex Vicerrector General de la Universidad Nacional
Profesor Asociado–Abogado
Dirigente del Frente Social y Político
Bogotá, D.C., 24 de junio de 1999

Introducción

I

Primero que todo unas aclaraciones y precisiones necesarias.

El texto que tiene usted en la mano, estimado y paciente lector, no es un libro de historia de Colombia. Ni siquiera de la "violencia en Colombia" así llamada, la que se refiere a un largo camino de hechos cronológicos colmado de cruentos sucesos en la segunda mitad del siglo XX. Tampoco es una invocación a Herodoto, el padre de la historia, con la intención de registrar el significado que esta tiene en la investigación de los fenómenos políticos y sociales.

El objetivo no fue hacer un "libro histórico". Ni la aproximación al recuento de un período de la historia. Tal objetivo implicaría más rigor en el registro de los hechos y en el análisis de los acontecimientos políticos, sociales y económicos, que son el carácter que tienen los "conflictos de la historia" al decir de Indalecio Liévano Aguirre.[1] Sería presuntuoso, porque se trata del "análisis concreto, de una realidad concreta", desde la esfera política y social, forzosamente apoyado en la contextualización histórica.

Desde luego, es imperativo acudir en algunos capítulos, casi todos, al contexto histórico para ubicar en el tiempo y en el espacio el análisis de la problemática del conflicto político, social y armado, que se ha desarrollado en Colombia en los últimos cincuenta años.

Son hechos y citas ineludibles, como que el conflicto tiene origen en causas históricas, políticas, sociales y culturales. El fenómeno de la violencia ejercida desde el poder dominante, por ejemplo, tiene una relación de causa-efecto con la resistencia de las masas y el surgimiento del movimiento guerrillero. También, el nudo de las sempiternas contradicciones políticas y sociales, inmersas en el mar picado de la historia de Colombia, es parte de la etiología del conflicto.

La pretensión no es la de pontificar sobre el tema de la paz de que trata el libro; mucho menos, creer, con arrogancia, ser el depositario de la verdad absoluta y revelada. De repente, la verdad está dispersa en tanto análisis al respecto y valdría la pena hacer a manera de ensayo una síntesis de la rica polémica de historiadores, politólogos, violentólogos y sociólogos para acercarse, tal vez, a un axioma de la problemática planteada. Aunque de todas maneras la verdad es siempre revolucionaria, como decía Lenin, porque a ella se llega mediante la dialéctica y la comprensión de los fenómenos objetivos alejándose siempre de toda subjetividad y versión acomodaticia.

El objetivo, llano y simple, es el de hacer unas reflexiones sobre la posibilidad de la paz en Colombia desde una posición de izquierda. Las formulaciones expuestas, pues, no son neutrales, aunque están sustentadas en la objetividad y en la realidad de los acontecimientos. Precisamente, por esta razón, el principal soporte del análisis es la historia. El contenido tiene un fundamento ideológico definido y está orientado a enriquecer el debate, sin ánimo pendenciero pero sí altruista.

II

Hechas las aclaraciones y precisiones es menester decir algo sobre el contenido del libro. El título original es *¿Cómo hacer La Paz? Reflexiones desde una posición de izquierda,* define sin ambages su objetivo. El tema está en el centro de la discusión y de la polémica acerca de un elemento fundamental, inherente a la acción de los revolucionarios: la solución política del conflicto social y armado. El libro se desarrolla en ocho capítulos:

1. El origen del conflicto armado. En el cual se pretende demostrar que la etiología del mismo se halla en la naturaleza violenta del Estado dominante y en el carácter histórico y socio-político de la "violencia en Colombia".

2. ¿Cómo hacer la paz? En cuyo marco se plantea la idea de que es posible llegar a ella partiendo de reconocer la vigencia de la lucha armada, la realidad política y militar que significa la guerrilla, y si en la práctica se abre el camino a cambios democráticos y sociales, porque quizás la oligarquía tiene "voluntad de paz" pero no "voluntad de cambio" y ese es un obstáculo para la paz.

3. La paz como objetivo revolucionario. Donde se establece no sólo que la iniciativa de la paz partió de la izquierda sino que ésta es una bandera revolucionaria, no importa cuan aguda sea la confrontación armada. En cualquier circunstancia el diálogo es opción viable y una forma de lucha de los revolucionarios.

4. La solución política. Concepto que no fue fácil insertar en el léxico y la praxis políticos, porque la oligarquía bipartidista siempre acarició la idea de derrotar a la guerrilla por la vía militar, sin embargo, los descalabros militares del Ejército y el avance de la insurgencia, extendida a todo el territorio nacional, terminó por persuadirla de que es mejor el camino del acuerdo político, aunque continúa manejando como eventual alternativa la presión militar para llevar a la guerrilla a la Mesa de Diálogo en condiciones de debilidad y movimiento derrotado. Es la política que se impuso durante el gobierno de Álvaro Uribe Vélez con la llamada "seguridad democrática", que no tiene nada ni de lo uno ni de lo otro. El diálogo y la solución política en ningún caso implican la entrega del movimiento insurgente.

5. El paramilitarismo: criatura del Estado. Un obstáculo para el proceso de paz es el militarismo, que estimula la guerra sucia y los operativos de exterminio contra la población civil. El vehículo del militarismo para ejecutar sus oscuros propósitos es el paramilitarismo, apoyado en el narcotráfico y en la colaboración de autoridades militares y civiles. El paramilitarismo ha sido una política de Estado, estrechamente ligada a las estrategias contrainsurgentes de las Fuerzas Armadas. Con mayor razón se demostró esta afirmación en el llamado proceso de desmovilización de Santa Fe de Ralito, de los años 2004 y 2005 y la posterior aprobación de la "ley de justicia y paz", con la cual se pretende institucionalizar la impunidad y legalizar estructuras de narcoparamilitares y sus dineros mal habidos.

6. Las partes del conflicto. Son el Estado y la guerrilla, pero no los paramilitares, que son criatura del Estado. Del conflicto político y social, que se expresa en las contradicciones entre el capital y el trabajo (lucha de clases), es parte el pueblo colombiano, en particular sus sectores democráticos, sociales y populares. El concepto de "sociedad civil" en el conflicto colombiano es dudoso y ambiguo y su vocería nadie puede arrogarse, mucho menos quienes hacen parte del Establecimiento y de las altas esferas del poder dominante.

7. El intervencionismo del imperialismo norteamericano. Estados Unidos no es ajeno al conflicto, pues la doctrina de seguridad nacional y el Conflicto de Baja Intensidad contenidos en planes estratégicos de intervención diseñados por el Pentágono, han alentado la violencia como práctica del poder y el terrorismo de Estado; amén del Plan Colombia y el Plan Patriota, instrumento de la guerra y de la creciente intervención gringa en el conflicto interno colombiano.

8. De los diálogos del Caguán al Plan Patriota. Tras el fracaso de los diálogos de San Vicente del Caguán, durante el gobierno de Andrés Pastrana, se abrió paso la política de "seguridad democrática", entendida como guerra integral contra la insurgencia y represión contra el pueblo. Es el eje del plan estratégico de Álvaro Uribe Vélez, que en sus primeros cuatro años de Gobierno puso en marcha el Plan Patriota en el sur del país con el objetivo declarado de derrotar a la guerrilla de las FARC en 180 días. Pasados cuatro años es evidente el fracaso del Plan Patriota y en el segundo período presidencial de Uribe Vélez, anuncia ensayar la vía del diálogo, aunque no renuncia a la "seguridad democrática", con el argumento que el objetivo inicial fue el de golpear estructuras de la guerrilla, quitarles territorio y afectar sus finanzas.

9. El segundo gobierno de Álvaro Uribe Vélez. Se refiere a un nuevo momento político, que comienza después de la posesión del presidente Uribe Vélez para un segundo período presidencial, en el cual pretende proyectar su misma política belicista y autoritaria, pero en el marco de un nuevo ambiente político favorable al intercambio humanitario y a la paz.

Al final del libro, a manera de apéndice, se incluyen algunos documentos, que no son los mismos de la tercera edición, como la Agenda Común para el Cambio hacia una Nueva Colombia, adoptado por el gobierno de Pastrana Arango y las FARC, durante los diálogos de paz, el Informe de la Comisión de Notables y la carta del Secretariado de las FARC-EP a los representantes de los tres poderes públicos, en octubre de 2006.

III

Como lo sugiere el título original, el propósito es hacer unas reflexiones desde la izquierda, la que, a pesar de la guerra sucia de exterminio y de la crisis ideológica a consecuencia del derrumbe del Muro de Berlín y de la desaparición de la Unión Soviética, está lejos de desaparecer o de perder vigencia como lo aseguran ideólogos de la derecha y lo plantean representantes de la seudoizquierda vergonzante y arrepentida, que perdieron la brújula de la historia para dedicarse a vegetar a la cola del capitalismo.

La izquierda revolucionaria existe y está actuando para unir a las fuerzas políticas y sociales avanzadas en un sólo proyecto alternativo al régimen bipartidista. Está representada en el Partido Comunista Colombiano y otros movimientos políticos; actúa en el movimiento sindical, social, agrario, popular y de masas; e incluye a los movimientos guerrilleros, realidades políticas en un país donde la oposición al sistema es castigada con la represión, el aniquilamiento y el terrorismo de Estado. En este sentido, es vital para la solución democrática y popular de la crisis colombiana construir un movimiento de amplia unidad política y social, pero alternativo al régimen bipartidista y a los partidos tradicionales que lo sostienen.

En los tiempos de la globalización capitalista, que sucede al descalabro soviético y a la guerra fría, algunos sectores políticos y personas, aun de signo progresista, se acomodan en el

Establecimiento burgués con el argumento de que existe una nueva realidad, impuesta por la globalización, en que los valores ideológicos cambiaron y ya la "lucha armada y el estatismo son cosas del pasado". Como si las formas de la dominación capitalista hubieran cambiado y también el carácter restringido de la seudo democracia colombiana, muy lejos de ser siquiera la tradicional "democracia burguesa" de las sociedades capitalistas modernas. Es una posición oportunista para medrar alrededor de la clase dominante, recogiendo las pequeñas migajas que esta arroja a sus opositores en trance de ser cooptados. Mientras los oportunistas de derecha predican la desactualidad de la lucha armada revolucionaria, guardan silencio ante la violencia reaccionaria como ocurre en Colombia donde se expresa mediante el terrorismo de Estado, el Plan Patriota y la represión oficial y en el plano internacional en la guerra de Irak, la intervención en el Medio Oriente y las amenazas contra la humanidad con el argumento de la "estrategia global contra el terrorismo" tras los atentados a las Torres Gemelas el 11 de septiembre de 2001.

La lucha armada es apenas una de las formas de lucha que el contexto histórico, político y social le impone a la lucha revolucionaria y popular en un determinado proceso. Por consiguiente, la vigencia de la izquierda no está determinada por la existencia guerrillera en la confrontación política. En este sentido, es que tiene trascendencia la lucha por la paz, que siempre es un objetivo de los sectores avanzados, democráticos y populares.

En las condiciones del capitalismo salvaje de hoy, cuando las formas de la explotación retornaron a la acumulación originaria del capital como si la historia fuera en reversa, la izquierda revolucionaria tiene plena validez, con la multiplicidad de formas de lucha y de organización política y social, para buscar el objetivo de derrocar al capitalismo. La izquierda no está condenada, como aseguran los vergonzantes, a ser una especie de grupo de presión para que el capitalismo "sea menos malo", "un poco más democrático" y ofrezca retozos de justicia social. Algo así como si en el estadio político la izquierda fuera el salón de belleza y de maquillaje de la derecha en el poder. La izquierda. entonces, para que realmente sea tal y no simple caricatura, debe ser independiente y autónoma del Establecimiento, actuar diferente a los partidos tradicionales y por fuera del entorno político y social que estos generan, con ética revolucionaria y en función de los intereses populares y de la conquista de un nuevo poder democrático y popular.

En este sentido, tiene singular importancia y es una conquista democrática, la conformación del Polo Democrático Alternativo (PDA), en 2006, integrado por las diversas fuerzas de izquierda, en el cual participa el Partido Comunista Colombiano como integrante del Frente Social y Político y de Alternativa Democrática. Su primera irrupción política electoral fue tan significativa que lo consolidó como la principal fuerza de oposición al régimen y al gobierno uribista.

El PDA surgió después de nueve meses de contactos y debates entre el Polo Democrático Independiente y Alternativa Democrática, como un partido de la izquierda, aunque sin la exigencia de la disolución de los distintos partidos y movimientos que lo integran. Es una fuerza de convergencia, con pretensiones más allá de las elecciones, pues el acuerdo es convocar un Congreso en el segundo semestre de 2006. Como elemento de identidad ideológica fue adoptado el ideario programático, que resume los puntos de consenso entre las distintas organizaciones del Polo. Pero en el Congreso Nacional se pretende adoptar un programa común para la acción política, que supere los límites de lo electoral. El PDA debe convertirse en una fuerza de unidad, por la solución política del conflicto, contra la intervención norteamericana y en rechazo al modelo neoliberal con sus privatizaciones y libre mercado del capital.

Naturalmente "algo pasó" con el derrumbe del "socialismo real", pero no fue el fracaso de la opción del socialismo científico, alternativa al capitalismo vaciado de contenido social. Sería necio eludir el remezón que produjo la caída del Muro de Berlín para que la izquierda se sacudiera de encima paradigmas, estereotipos y dogmatismos, propios de viejas ataduras sectarias. El "estatismo" a ultranza es cosa del pasado, pero eso no le da patente de corso al "paraíso" de la propiedad privada de la economía de mercado del capital. El choque entre la forma social de la producción y la forma privada de la apropiación, continúa siendo la contradicción principal del capitalismo, que sólo es superable a través de la lucha de clases motor de la historia y de los cambios revolucionarios. "La historia es nuestra y la hacen los pueblos", afirmó con toda certeza la II Declaración de La Habana.

IV

Es en este sentido que tiene explicación la lucha por la solución política del conflicto social y armado en Colombia, partiendo del reconocimiento de la vigencia del movimiento guerrillero en un país donde el poder dominante ha ido cerrando los espacios legales y negando la tolerancia y el pluralismo. La paz es posible, pero con apertura política y social. Entonces, ¿de qué paz hablamos?: pues de la que resulta de un acuerdo con participación del pueblo, para lograr más democracia, pluralismo, participación ciudadana, redistribución de la riqueza, reforma agraria, un nuevo modelo de desarrollo, soberanía nacional y renovadas Fuerzas Armadas democráticas y bolivarianas.

La paz es difícil y compleja. No está a la vuelta de la esquina como lo demuestran los anteriores procesos de paz. Así lo entienden sectores de la oligarquía que invocan a la "humanización de la guerra" para hacer menos cruel el conflicto y declaran agotada la estrategia de guerra como única forma de enfrentar a la guerrilla.

En el país, sobre todo en la opinión pública, se ha extendido la idea de la aplicación del Derecho Internacional Humanitario, para atenuar los rigores del conflicto y la degradación del mismo después de cincuenta años de confrontación y de la aparición de fuerzas irregulares de apoyo al Estado, como el paramilitarismo, que actúan contra la población civil para cortar la colaboración con la insurgencia o siquiera cualquier manifestación de simpatía. De todas maneras, es dable recordar, en lo que respecta a la aplicación del DIH, que las organizaciones guerrilleras cuentan con un Código de Ética Revolucionaria que establece normas de comportamiento del guerrillero en el combate y de los procedimientos para proteger a la población civil. Dos casos, por ejemplo, de aplicación concreta del DIH por parte de la guerrilla, fueron el reconocimiento del error, las autocríticas y el anuncio de sanciones a los responsables, por el ELN en los sucesos de Machuca y las FARC-EP en el de los tres ambientalistas estadounidenses. No existen conductas similares del Estado, salvo el caso de la masacre de Trujillo, aunque se niega a reconocer la responsabilidad en la creación del paramilitarismo y en el genocidio de la Unión Patriótica.

El Derecho Internacional Humanitario fue incorporado de forma definitiva a la legislación colombiana, por cierto de manera tardía, mediante la aplicación del "Protocolo Adicional a los Convenios de Ginebra" del 12 de agosto de 1949, relativo a la protección de las victimas de los conflictos armados sin carácter internacional, conocido como el Protocolo II, hecho en Ginebra el 8 de junio de 1977.

La Corte Constitucional, a través del fallo C-225-95, con ponencia del magistrado Alejandro Martínez Caballero, le dio más alcance a la aplicación del DIH en Colombia, al considerar que realmente este tiene dos componentes: "el llamado derecho de La Haya o derecho de la guerra en sentido estricto, codificado en los

Convenios de La Haya de 1899 y 1907, y cuya finalidad tradicional ha sido regular la conducción de hostilidades y los medios legítimos de combate; y de otro lado el Derecho de Ginebra o Derecho internacional Humanitario en sentido estricto, cuyo objetivo es proteger a quienes no participan directamente en las hostilidades". Ambos, pues, son componentes del DIH, como que este debe entenderse de manera amplia.

Los instrumentos del Derecho Internacional Humanitario son: el artículo 3° Común a los cuatro Convenios de Ginebra que como parte de la legislación nacional, rige en Colombia desde 1961; el Protocolo adicional a los Convenios de Ginebra (Protocolo II); y el llamado derecho consuetudinario (*ius cogens*) conformado por las prácticas tradicionales vigentes en los pueblos civilizados.

En Colombia es un imperativo la aplicación del DIH, diferente a la plena vigencia de los derechos humanos, cuyo acatamiento y respeto es de forzosa obligación por parte del Estado comprometido con La Declaración Universal de los Derechos Humanos de las Naciones Unidas. "Pensar la guerra, y pensarla con categorías normativas, es otra manera de buscar la paz".[2]

Sin embargo, la aplicación del DIH en el caso colombiano no es mecánica en cuanto al acatamiento superfluo del "derecho de gentes" por las partes en conflicto, sino que debe ser el resultado de acuerdos entre las partes (Estado y guerrilla) en el proceso de diálogo. Es una situación compleja que exige disposición para llegar a acuerdos y ubicación de los campos de aplicabilidad en cada caso. Por ejemplo, el artículo 3° Común a los Cuatro Convenios de Ginebra establece el debido proceso en el sistema judicial, el cual es vulnerado con frecuencia por el sistema acusatorio o con la eliminación del delito político y de las garantías procesales a los presos políticos y también con la extradición de guerrilleros como ocurrió con Simón Trinidad y Sonia. O ¿cómo darle vida a la norma del DIH que protege edificaciones esencialmente civiles como las escuelas convertidas en cuarteles por el Ejército? ¿Quién viola el

DIH: la guerrilla que ataca una escuela convertida en cuartel o el Ejército que la ocupó con sus unidades para atrincherarse en ella? Igual se podría decir en el caso de los helicópteros civiles utilizados por el Ejército o los buses de pasajeros entre los que se confunden los soldados en zonas de conflicto. ¿No es una forma de utilizar escudos humanos? Se le cuestiona a la guerrilla la utilización de las "minas antipersonales", prohibidas internacionalmente con la salvedad del voto de los Estados Unidos, uno de los países fabricantes de esta arma contundente y que ha sembrado millones de estas en zonas exclusivas de su intervención, como el Paralelo 38 que separa a las dos Coreas, pero la Fuerza Aérea Colombiana se "reserva el derecho" de lanzar de manera indiscriminada toneladas de bombas que afectan también a la población civil.

Lo cierto es que el conflicto colombiano ha madurado lo suficiente para resolverlo por la vía política del diálogo y del acuerdo entre las partes, con participación de la sociedad colombiana y sus organizaciones, más allá de la discusión académica de la vigencia o no de la lucha armada revolucionaria. La guerrilla es una realidad política nacional e internacional, reconocida en el exterior por organismos, organizaciones y gobiernos que tienen contactos y relaciones con ella. Es una forma de darle el estado de beligerancia, así el gobierno colombiano se niegue a otorgárselo. Y también de aceptar el carácter político de la insurgencia, lo lícito y altruista de sus objetivos y la deformación del sistema colombiano que combina la violencia con profundas desigualdades y abismos sociales. Aún a pesar que haya sido incluida en la lista de organizaciones terroristas de la Unión Europea, más como presión para "obligarlas a negociar" una decisión política convincente. Fue el resultado de la enorme presión norteamericana tras la ruptura de los diálogos con las FARC y la aproximación con el ELN, durante el gobierno de Andrés Pastrana.

La adopción de la "Agenda Común por el Cambio hacia una

Nueva Colombia" en el Caguán en los primeros meses de los diálogos de paz, hicieron renacer la esperanza de los colombianos, pero quedó demostrado que aun falta la "voluntad de cambio" en la clase dominante lo que salta de bulto en la política de doble vía de Pastrana, que se abrió al diálogo con las FARC mientras reprimía a los trabajadores y al pueblo y reforzó el modelo económico de injusticia social a través de una verdadera "economía de guerra".

Con todo, la experiencia de los diálogos del Caguán dejó aspectos muy importantes que no pueden soslayarse como pretenden hacerlo los enemigos de la paz. Uribe Vélez sataniza el proceso de paz del gobierno de Pastrana, al tiempo que relata con ironía sus acontecimientos. El libro de Andrés Pastrana Arango[3] con el cual pretende defender su gestión elude los temas fundamentales y los aspectos realmente positivos, mientras pretende justificar lo que significaron sus debilidades y actitudes pusilánimes.

Entre otras se podrían citar las siguientes experiencias positivas del Caguán, que no se pueden desconocer y que sin ser paradigmáticas son útiles a la hora de futuras negociaciones:

- La existencia de una zona desmilitarizada de 42 mil kilómetros cuadrados y cinco municipios, en donde no hubo conflicto armado, epicentro de las negociaciones del Gobierno Nacional y las FARC-EP. En la práctica este territorio se convirtió en un laboratorio de paz y de convivencia ciudadana, que como lo reconocen los habitantes y autoridades de San Vicente del Caguán, La Macarena, La Uribe, Mesetas y Vista Hermosa, en ellos desaparecieron la violencia, los robos y hasta las riñas callejeras. La campaña ultraderechista, militarista y de la Embajada gringa en Bogotá la convirtió en una especie de infierno donde se cometían todo tipo de atropellos por parte de la guerrilla, mientras se ocultaba la violación por parte del Ejército y de los aviones de la FAC, la infiltración de organismos de inteligencia y las acciones desestabilizadoras desde afuera y dentro del área, todas con el objetivo de sabotear los diálogos de paz.

• El acuerdo de "La Agenda Común", convenida en La Machaca, en jurisdicción de San Vicente del Caguán, que significa el documento más importante, porque ahí están contenidos los temas políticos, sociales y económicos de cuyos resultados concretos podrá sobrevenir la paz con democracia y justicia social. Es la verdadera carta de navegación hacia la solución política negociada del conflicto interno.

• La realización de las audiencias públicas, verdadero escenario de participación ciudadana en los diálogos de paz. Más de 25 mil colombianos, en representación de sindicatos, desempleados, desplazados, viviendistas, damnificados del UPAC, jóvenes, estudiantes, mujeres, indígenas y otros sectores de la población, dejaron un saldo de numerosas propuestas e iniciativas, que fueron ignoradas por el Gobierno Nacional. Algunas de ellas de aplicación inmediata porque estaban orientadas a atenuar los rigores de la crisis social en los estratos de menor ingreso.

• El intercambio humanitario de prisioneros de guerra enfermos, que trajo como consecuencia la decisión unilateral de las FARC-EP de dejar en libertad a 350 soldados y policías retenidos. Demostró que sí es posible el llamado canje o intercambio humanitario, sin tantos condicionamientos y exigencias.

• El Acuerdo de Los Pozos, suscrito por el presidente Pastrana y el comandante Marulanda, en febrero de 2001, que relanzó el proceso de paz en un momento de dificultades.

- El Informe de las Personalidades, también llamado de los Notables, bien recibido por las partes y por amplios sectores del país, donde se establece claramente, además de recomendaciones puntuales para disminuir la intensidad del conflicto y acabar el fenómeno del paramilitarismo, que solo la vía de la solución política negociada es la que podrá resolver el conflicto y que la negociación debe tener un carácter estrictamente bilateral y de compromiso de las dos partes (ver apéndices).

- El Acuerdo de San Francisco de La Sombra, que introdujo importantes elementos humanitarios y para dinamizar el proceso de paz en su conjunto.

- El cronograma aprobado el 20 de enero de 2002 y la decisión del acompañamiento internacional de las Naciones Unidas y del Grupo de Países Amigos y Facilitadores, adoptada posteriormente, que trataron de desempantanar el proceso antes de la ruptura unilateral del Gobierno.

Las motivaciones de estas reflexiones están animadas por la convicción de que la paz está estrechamente ligada al logro de una nueva Colombia.

El propósito no es hacer la apología de la guerrilla ni justificar la lucha armada, pero sí el de señalar con crudeza, que el único responsable que el proceso político colombiano no haya tomado ese camino es el sistema impuesto por el bipartidismo para perpetuarse en el poder. Como también las dificultades para superar la confrontación estriban en su renuencia a tolerar una apertura política y social que elimine el statu quo de antidemocracia y de miseria en que viven los colombianos.

El régimen bipartidista continúa siendo la principal talanquera para la democracia y el pluralismo. La "era uribista", que sus seguidores creen superó el bipartidismo, por el contrario lo reforzó, porque su maquinaria arrolladora es la de los viejos partidos tradicionales, con base en las clientelas, en la corrupción, en el ventajismo, en los nexos con el narcotráfico y los paramilitares. El viejo Partido Conservador está del lado de Uribe Vélez, así como la mayoría de los caciques regionales del liberalismo; están allí con todos sus vicios, son parte fundamental de la base social uribista. Y también los menos interesados en un proceso de paz con democracia y justicia social. Entienden que la democracia les limitaría su poder, que se sustenta en la violencia estatal y paraestatal, la corrupción, el clientelismo, el ventajismo y la precariedad de las libertades públicas e individuales.

El autor

1. El origen del conflicto armado

Para entender el conflicto político, social y armado que afecta al país en el momento actual, basta hacer el barrido de la historia de la violencia en Colombia en los últimos cincuenta años, que es apenas una de las tantas violencias que la clase dominante le ha impuesto al pueblo, porque al fin y al cabo no ha conocido otra forma de gobernar para atornillar el régimen antidemocrático y despótico que le garantiza pingües beneficios a la oligarquía,[1] que se lucra del poder en cada etapa del proceso de acumulación capitalista. Primero fueron los latifundistas, después la burguesía poseedora de los medios de producción y en la actualidad el capital financiero, consentido del modelo neoliberal del capitalismo salvaje y los poderosos grupos económicos que concentran cada vez más la riqueza, naturalmente imbricados como usufructuarios del poder dominante ligado a los intereses imperialistas.

La génesis de este conflicto se halla en la "violencia en Colombia", a la que historiadores y sociólogos le adjudican tres etapas: la primera desde el 9 de abril de 1948 tras el asesinato de Jorge Eliécer Gaitán; la segunda que comienza con el golpe militar de Gustavo Rojas Pinilla, en 1953, y se extiende hasta la caída de la dictadura, en 1957; y la tercera y última, que se inicia con el Frente Nacional, en 1958, hasta nuestros días. Sin embargo, valdría la pena que los investigadores examinaran la posibilidad de señalar una cuarta etapa, con inicio en la década de los años ochenta, cuando apareció en toda su magnitud la guerra sucia, y el Estado adoptó en definitiva formas terroristas e hizo suya la doctrina reaccionaria del conflicto de baja intensidad y del "enemigo interno", promovida por el contubernio Estado (militares), paramilitares y narcotraficantes. Es muy definida y de características diferentes a la que comenzó con el "Frente Nacional" (la tercera). Es la etapa de la guerra sucia y del terrorismo de Estado estimulados desde la cúpula del poder.

La etiología del conflicto actual está, entonces, en los límites de la "actual violencia", porque Colombia ha vivido muchas violencias, casi desde el momento mismo de la independencia, aunque se podría decir que mucho antes, pues la conquista y la colonia adelantadas por el invasor español se hicieron a sangre y fuego contra los indígenas y los patriotas. Todas las violencias siempre se han ejercido desde el poder dominante.

En Colombia la violencia es un fenómeno histórico y sociopolítico, impuesto "desde arriba" para defender privilegios e intereses políticos y económicos. El pueblo no ha hecho otra cosa que resistir a la violencia de los todopoderosos. Desde la resistencia indígena a la conquista española que quería el exterminio de la raza, pasando por la protesta de los Comuneros del Socorro, a cuya cabeza estaba José Antonio Galán, y la gesta libertadora del Ejército patriota, liderado por el libertador Simón Bolívar, que logró la primera independencia, hasta la resistencia agraria a los crímenes del latifundismo y la acción de las guerrillas, en primer lugar de las FARC-EP, alzada en armas contra la ignominia y para conquistar una Colombia de democracia y justicia social.

La historia republicana está preñada de confrontaciones violentas. Inclusive de guerras civiles[2] entre los grupos dominantes para definir cuál de ellos tiene el control del poder. Sin embargo, esos grupos dominantes cuando detectan que están en peligro sus intereses comunes, en lo esencial económicos y políticos, no vacilan en unirse para defender el sistema tradicional y bipartidista. Prima el interés particular de resolver en su favor la principal contradicción de la época entre la forma privada de la apropiación y la forma social de la producción, como diría Carlos Marx. Son en el fondo conflictos políticos, sociales y económicos de la historia planteados por el historiador Indalecio Liévano Aguirre, afrontados por la clase dominante con métodos violentos y represivos para acallar el clamor popular.

En 1914, en la Plaza de Bolívar de Bogotá, fue asesinado el caudillo liberal Rafael Uribe Uribe. Entonces nadie podía responsabilizar del magnicidio a los comunistas o a la mano de Moscú, porque la Revolución Rusa, conducida por Lenin triunfó en 1917, tres años después. El "delito" de Uribe Uribe (o el error, quizás), fue haber dicho acorde con los vientos de las dos primeras décadas del siglo XX, caracterizadas por la intensidad de las luchas proletarias contra el naciente capitalismo explotador y por la aparición de corrientes socialistas, unas reformistas y otras revolucionarias, que "el liberalismo debía beber en las canteras del socialismo".

En 1928 durante el gobierno conservador de Miguel Abadía Méndez, ocurrió la "masacre de Las Bananeras", para castigar a los trabajadores, animados por los socialistas de la época, que exigían mejores condiciones de trabajo y defendían la soberanía nacional de la transnacional y expoliadora United Fruit Company. Maria Cano e Ignacio Torres Giraldo, en el fin de la década de los años veinte, caracterizada por la primera gran depresión capitalista, perseguidos y encarcelados en varias ocasiones, nunca tuvieron garantías para propugnar la ruptura del bipartidismo y por ende para la fundación de un partido socialista inspirado en el marxismo-leninismo. El 17 de julio de 1930, en la Plaza de Bolívar de Bogotá, durante el gobierno del liberal Enrique Olaya Herrera, se fundó el Partido Comunista de Colombia.[3] El bautismo de la nueva colectividad, ajena al bipartidismo tradicional, fue la represión policial y la detención de varios de sus promotores.

En 1948, durante el gobierno conservador de Mariano Ospina

Pérez, fue asesinado el caudillo popular Jorge Eliécer Gaitán. El crimen que permanece en la impunidad, tiene la marca indeleble de la autoría oligárquica y del gobierno de los Estados Unidos, interesado en la guerra fría en la segunda postguerra. Después discurrieron la "violencia en Colombia", en cuyo ciclo, según dicen algunos investigadores, fueron asesinadas 200 mil personas,[4] el Frente Nacional bipartidista y de democracia restringida y el exterminio de la izquierda que aún no termina. El episodio más patético fue el genocidio de la Unión Patriótica en el cual perdieron la vida más de cinco mil de sus dirigentes y militantes, crímenes que no han sido esclarecidos porque las investigaciones son bloqueadas cuando llegan al eslabón que une al paramilitarismo con el narcotráfico y los militares.

La violencia actual, en la cual surgió el conflicto armado, político y social, en la segunda mitad del siglo XX, comenzó antes del asesinato de Jorge Eliécer Gaitán. Algunos historiadores ubican su inicio en el hecho grave pero coyuntural del magnicidio, pero en realidad la violencia como práctica del poder comenzó con el régimen conservador, en 1946, para liquidar las luchas agrarias del campesinado por una verdadera reforma agraria y la solución al problema de la tenencia de la tierra en manos, de manera predominante, de latifundistas conservadores.[5] Gaitán, a la sazón jefe liberal, y la dirección del Partido Comunista, desde 1947, denunciaron ante el gobierno de Mariano Ospina Pérez que el Ejército y bandas de pájaros al servicio de los latifundistas estaban persiguiendo y asesinando a los campesinos. La respuesta la dio en el Congreso de la República, el ministro de Gobierno, José Antonio Montalvo: "defenderemos el Gobierno a sangre y fuego".

Luego vinieron los sucesos del 9 de abril, conocidos como el "Bogotazo", la generalización de la violencia, y la entronización de formas abiertas de terrorismo de Estado para aniquilar a las masas liberales y comunistas. Los jefes liberales, con Carlos Lleras Restrepo y Darío Echandía a la cabeza, entraron en connivencia con el gobierno conservador y abandonaron a las guerrillas liberales que se habían formado para resistir los embates de la reacción ultraderechista. Se convirtieron así en cómplices de los crímenes oficiales. El hecho demuestra también, como se asegura antes, que entre los dirigentes de los partidos tradicionales no existen diferencias medulares y de fondo y cuando sus intereses están amenazados por la lucha de las masas, no vacilan en unirse para proteger el sistema oligárquico. Esta conducta se ha repetido en distintos ciclos de la historia política; por ejemplo, en 1957, los principales jefes liberales y conservadores pactaron el "Frente Nacional" bipartidista y de alternación presidencial, para un período de 16 años, cuyas secuelas se extienden hasta la actualidad.

El fin de la década de los años cuarenta y casi toda la del cincuenta, fue el escenario de las confrontaciones de conservadores y liberales; y también de comunistas, que en la época constituían sus primeros núcleos en regiones agrarias del país. En buena medida, fue la contradicción de los latifundistas con los colonos que urgían cada vez más la reforma agraria. Esa lucha por la tierra desató la agresividad de los poderosos latifundistas, que no vacilaron en organizar a los paramilitares de la época, llamados "pájaros" y "chulavitas", para asesinar a los luchadores agrarios, contando siempre con la complicidad de agentes estatales.

Así se fueron conformando los primeros núcleos de guerrilleros, estimulados en raíces estrictamente políticas, históricas, económicas, sociales y de resistencia. En todo el proceso de la violencia hubo momentos diferentes, distintas etapas y experiencias, algunas coyunturales. Una fue la resistencia de las masas a la violencia latifundista, o la resistencia campesina de Marquetalia y las mal llamadas repúblicas independientes, y otra es la lucha de las FARC-EP. Esencialmente política y con el objetivo de conformar un ejército revolucionario por la toma del poder para el pueblo.

La acción armada no fue sólo el instinto de conservación de las masas para defenderse de la violencia ejercida desde el poder dominante, sino también parte esencial de un proceso concreto y quizás *sui generis* de la política colombiana, expresado en la combinación de todas las formas de lucha de masas. La lucha armada se convirtió en parte fundamental del proceso político en Colombia.

El estudio de esta historia que tal vez no se ha contado en toda su magnitud e implicaciones, demuestra las razones reales y dialécticas del conflicto armado, que no estriba en la actitud perversa de los revolucionarios, como predican los ideólogos de la ultraderecha sino en las profundas desigualdades del régimen oligárquico vaciado de democracia y humanismo, de sostenida atrofia del tejido político, social y ético y de marcada violencia no sólo en las regiones agrarias sino también en las ciudades mediante la represión a la oposición política, en particular de izquierda, a las protestas sociales y luchas urbanas.[6]

Esta historia es pertinente en el momento actual, cuando en el centro de la atención nacional está el tema de la paz y de los diálogos del gobierno y la guerrilla para allanar el camino hacia una solución política del conflicto armado y social en Colombia. Todo el mundo habla de paz. No sólo el gobierno y la guerrilla. También los partidos políticos, la Iglesia, los empresarios y los gremios de la producción, después del frenesí guerrerista del uribismo en los cuatros años anteriores del primer cuatrienio de Álvaro Uribe Vélez. Pero el meollo del asunto está en la paz que anhelan y pretenden cada uno de ellos. Los sectores del Establecimiento quieren hacer abstracción de la historia y la ignoran deliberadamente, con el pretexto de que es necesario mirar hacia adelante. Pero dar ese salto de garrocha para eludir la historia y la realidad real, que no virtual, es la manera torpe de ignorar las raíces objetivas del conflicto.

El conflicto armado en Colombia es parte del proceso político en los últimos cincuenta años, afectado por el nudo de las contradicciones del sistema, la ausencia de democracia y la voracidad de la oligarquía sin límites en la explotación del pueblo para obtener mayores ganancias.

En Colombia existe es un sempiterno Estado violento, que nunca le abrió las puertas a la democracia por temor al surgimiento de otras fuerzas políticas diferentes a las tradicionales. Es distinto a que en Colombia exista una suerte de "cultura de la violencia", como suelen decir algunos investigadores amparados en estadísticas de los niveles de delincuencia y criminalidad, ciertamente altos, pero que en todo caso guardan una relación de causa efecto con el fenómeno sociológico de la violencia, porque muchas de las formas delincuenciales provienen del hambre, la miseria y el desempleo crecientes, como del desplazamiento forzado del campo a la ciudad. Esto es, de la inexorable brecha cada vez más profunda entre ricos y pobres, peor en las condiciones del capitalismo salvaje.

No se debe caer en el concepto simplista de la violencia como constante de la vida colombiana.[7] Tampoco dejarse seducir por el discurso postmodernista del profesor Luis Jorge Garay, quien sostiene que el conflicto colombiano se debe a la "culturización mafiosa"[8] de los ciudadanos, algo así como la "cultura del avivato", porque la persona, sea rica o pobre, se motiva exclusivamente por la rentabilidad y el provecho propio. De tal manera, el fenómeno no sería consustancial al sistema sino a la personalidad innata del ser humano. En este caso, la solución podría ser hacerle una especie de lavado cerebral a cada persona para cambiarle la mentalidad mafiosa.

En Colombia lo que existe es un Estado mafioso, siempre vinculado a la economía subterránea de la cual se lucran la alta burocracia y los empresarios que hacen los negocios con las entidades públicas. En la década de los años setenta fue famosa la "ventanilla siniestra" en el Banco de la República, donde se cambiaban a pesos de forma legal los dólares de las mafias de conrabandistas y traficantes de marihuana. Posteriormente, en la década de los 80, los narcotraficantes y los carteles de la droga, invertían sus capitales mal habidos en empresas legales, en la construcción, en el sistema financiero, en medios de comunicación, mientras financiaban las campañas electorales de presidentes, parlamentarios y aspirantes a otros cargos de elección popular y colocaban en sus nóminas a militares, policías, funcionarios públicos, magistrados, jueces, obispos, sacerdotes y a otros "respetables" ciudadanos. La economía subterránea es parte del sistema económico capitalista colombiano, aceptada y tolerada por la clase dominante en todos lo tiempos.

Por eso, la oligarquía colombiana no tiene frontera entre lo legal y lo ilegal, entre lo ético y lo inmoral. Todo es permitido en el ejercicio del poder. Semejante situación no ha desaparecido en la "era uribista", más bien parece multiplicarse con el argumento del "efecto teflón" de que nada afecta la imagen del presidente Uribe Vélez, una especie de Mesías de los colombianos. Cada vez es más evidente que la clase política tradicional, incluyendo la que apoya a Uribe, se dedicó a proteger a las mafias del narcotráfico para beneficiarse de ellas. "En Colombia hay un Estado mafioso, que continúa retroalimentándose de la corrupción en las más altas esferas del poder. Por eso aquí no pasa nada, porque un ministro se enriquezca con el erario y se apodere de forma ilícita de acciones de una empresa estatal; o que se modifique una resolución ambiental para beneficiar el negocio de un ministro del gabinete; o que se demuestre hasta la saciedad que el anterior ex director del DAS, cometió numerosos entuertos en contubernio con los paramilitares…",[9] situaciones todas impunes protagonizadas por altos funcionarios del gobierno uribista.

Desde la formación de la República la clase dominante se ha sostenido en el poder mediante procedimientos coercitivos y represivos, sin excluir las acciones criminales o las formas del terrorismo de Estado actuales para destruir al adversario. Es la naturaleza violenta del Estado dominante la que fracturó el proceso colombiano, afectó el normal desarrollo de las relaciones políticas e impactó el tejido político y social. Es una distorsión estructural, una fractura entre el Estado y los ciudadanos, que va más allá de las buenas o malas costumbres del individuo.

El escritor y colombianista francés, Daniel Pécaut, escribe:

> La violencia contribuyó efectivamente a perpetuar un modelo de dominación que en 1947 parecía estar destinado a transformarse. Les aseguró a los organismos privados de las clases dominantes el mantenimiento de su posición central, les confirmó a los partidos políticos tradicionales su función de encuadramiento y desorganizó por mucho tiempo a las masas populares.[10]

Desde otro ángulo el escritor y profesor universitario Alejo Vargas, dice:

> Hay que señalar que históricamente, a las luchas sociales se les dio un tratamiento de subversoras del orden establecido, por lo tanto la respuesta fue sólo represiva. La parcialidad de las instituciones estatales en los diversos conflictos en contra de lo intereses de sectores sociales subordinados ayudó a deslegitimar el Estado y, al mismo tiempo, se convirtió en elemento de legitimación de los actores que lo confrontan.[11]

Esta realidad devino en formación de un Estado de democracia restringida en el cual las libertades públicas y ciudadanas, aún las contempladas en la Constitución Política, son nugatorias. A la vez, la clase dominante diseñó un Establecimiento en el cual sólo hay cabida para los partidos políticos tradicionales que representen sus intereses e ideología. En estas condiciones, se incrustó en el sistema el régimen bipartidista que todo lo maneja y todo lo controla. Por eso, no es extraño que en los momentos de colapso políticos y sociales en la "vida republicana" como el "Bogotazo", en 1948, o el derrocamiento de la dictadura militar, en 1957, los partidos tradicionales del bipartidismo actúen juntos para "salvar la patria y las instituciones democráticas".

La de Colombia está lejos de ser siquiera una democracia burguesa, es, más bien, una caricatura de democracia, un régimen de intolerancia, exclusivista, de privilegios y del poder omnímodo de las oligarquías liberal y conservadora, que hace mucho tiempo superaron las barreras ideológicas, las contradicciones antagónicas y los intereses contrapuestos. Poco a poco se ha incubado un régimen excluyente de corte bipartidista, con prácticas terroristas de Estado.

El poder no conoce otra forma de enfrentar el conflicto sino a través de la violencia, de la represión a las masas populares y de la persecución a toda oposición democrática, social y revolucionaria. Nunca hubo realmente una voluntad de paz en la clase dominante. Conceptos como los de "tierra arrasada", "defensa de la seguridad nacional", "estrategia de guerra para ganar la paz", "guerra integral" y el último de "seguridad democrática", entendido como "estrategia contra el terrorismo", galvanizados todos por la doctrina de la seguridad nacional y del "enemigo interno", se han sucedido uno tras otro en los planes oficiales con el terco propósito de "derrotar a los subversivos". Siempre con la participación del Pentágono de los Estados Unidos, el que no ha sido ajeno al conflicto, porque permanentemente le ha dado asesoría, armas y adiestramiento a los militares colombianos que vulneran los derechos humanos. Junto a esta situación que se corresponde con la esfera de lo político, están los aspectos económicos y sociales derivados de la voracidad de la oligarquía colombiana renuente a una mejor distribución de la riqueza y del ingreso y a reformas sociales avanzadas. Sobre la creciente pobreza de cada vez mayores franjas del país, cabalgan los poderosos grupos económicos en un acelerado proceso de monopolización creciente, cada vez más diversificado, que les proporciona enormes ganancias, de hecho un insulto a la miseria y al hambre de millones de personas en todos los rincones de la geografía nacional.

Las anteriores son las causas del largo conflicto de naturaleza política y social en Colombia. En la declaración política del XV Congreso del PCC, en 1988, se le formulan varias preguntas a la clase dominante, que tienen vigencia:

> … Queremos preguntar en voz alta al gobierno, a la cúpula de los partidos tradicionales, a los altos mandos militares, a la clase empresarial, a las mayorías parlamentarias: ¿Están dispuestos ustedes a cambiar de mentalidad? ¿Están dispuestos a desmantelar los grupos paramilitares de asesinos, que cuentan con la financiación y la coordinación no sólo de sectores de la mafia, sino también de connotados elementos de las Fuerzas Armadas del Estado? ¿Están dispuestos a realizar reformas para construir una Colombia verdaderamente democrática, en donde se respeten la vida y los derechos de los trabajadores y de las nuevas fuerzas políticas y sociales que claman por cambios substanciales en el orden económico e institucional?[12]

Es una situación que sostiene con terquedad la clase dominante, que no es exclusiva del programa coyuntural de un Gobierno, sino que es parte de la estructura política, económica y social del país, independiente de las contradicciones en la clase burguesa. A ella se debe la prolongación indefinida del conflicto, el cual el uribismo niega, con el argumento que después del derrumbe soviético y de las Torres Gemelas el mundo cambió y los factores sociológicos que determinan el comportamiento de la sociedad son otros. Es la versión acomodada para justificar la incapacidad de la oligarquía colombiana para resolver "por las buenas" un conflicto de casi medio siglo.

Al respecto, el XIX Congreso del Partido Comunista Colombiano dijo:

> La tesis oficial que alega la inexistencia del conflicto armado en Colombia es absurda y contraevidente. Pero es también equivocada la idea de que la lucha armada ha perdido su vigencia en Colombia. Esa vigencia depende de las condiciones existentes. Su razón de ser es el resultado de una realidad histórica y política no superada: la violencia y el terrorismo de Estado como elemento constitutivo de la política dominante. Desde luego, la lucha armada no es la única respuesta del pueblo a esta realidad y eso lo confirma la experiencia colombiana. La lucha para transformar las causas raizales, sociales, políticas y culturales que condicionan el conflicto armado, exige, en la actualidad, la conjugación de todos los esfuerzos, acciones y movilizaciones posibles para alcanzar una paz democrática a través del diálogo para un acuerdo nacional. Sólo un cambio en la actual política del Estado podrá avanzar en esa dirección.[13]

2. ¿Cómo hacer la paz?

Desde los distintos sectores del país se escuchan pronunciamientos a favor de la paz. Las voces de guerra son pocas y aisladas, salen de los sectores guerreristas y ultraderechistas ligados al militarismo y a la guerra sucia. Sin embargo, la pregunta del millón, que no de Perogrullo, es ¿cómo hacer la paz?

Hay muchas explicaciones acerca del conflicto armado, algunas, quizás la mayoría, le reconocen la connotación política, aunque la atenúan con argumentos como que la guerrilla se creó a partir de consignas internacionales, sin validez en el momento actual debido al derrumbe del Muro de Berlín y a la desaparición de la Unión Soviética. Otros la atribuyen a una "perversa decisión" del Partido Comunista Colombiano consignada en la tesis de la combinación de las formas de lucha, lo cual haría sencillo el fin de la confrontación: simplemente que un Congreso del PCC renunciara a esa formulación política, que en esencia es más el retrato de la realidad colombiana que una orientación para la acción revolucionaria. Otra versión superflua es que el conflicto se reduce a la disputa territorial de guerrilleros y paramilitares, a la cual es ajena el Estado. El paramilitarismo, según esta acomodada, evasiva y absurda explicación, es la respuesta de ganaderos, latifundistas y empresarios a los "desafueros de los alzados en armas".

El presidente Álvaro Uribe Vélez, contrario a la negociación política e inclusive a reconocer la existencia del conflicto armado, asegura que la violencia en Colombia es de los terroristas que amenazan a la sociedad. No acepta el carácter político de la insurgencia. Niega el Estado violento, el que, según él, es una víctima de los terroristas. Su argumento se basa en que después del derrumbe del Muro de Berlín y de lo atentados del 11 de septiembre de 2001, no hay justificación para una guerrilla política, el concepto de violencia cambió como también el de democracia, según su punto de vista.

De esta manera, Uribe Vélez elude reconocer el conflicto, porque de lo contrario tendría que aceptar el Derecho Internacional Humanitario, el principio de distinción entre combatientes y no combatientes y la solución política negociada. Para Uribe, igual que Bush, Colombia, como el mundo, está dividido entre terroristas y demócratas. Los primeros son los que abogan por los cambios avanzados y la transformación política y social de la sociedad.

Con esta argumentación no coincide toda la clase dominante, porque en ella hay quienes consideran que es necesario dejar espacios para el diálogo con la insurgencia, en el entendido que el Estado ha demostrado incapacidad de resolver el conflicto por la vía militar. El mismo presidente Uribe hace un juego maniqueo con esos conceptos. Con el ELN, cuando aceptó los diálogos exploratorios con su Gobierno, durante la campaña reeleccionista en 2006, no vaciló en reconocer que con ellos sí hay conflicto, eso sí, siempre y cuando mantengan esa posición de acercamiento, sobre todo en un momento tan oportuno a sus intereses. De la misma forma, manifiesta disposición de establecer diálogos con las FARC, después de la reelección, sin renunciar a la "seguridad democrática", en medio de condicionamientos y exigencia de gestos unilaterales, aunque en la práctica equivale a reconocer el conflicto y el carácter político de la insurgencia.

Para Alfredo Rangel, ex asesor de seguridad y columnista de *El Tiempo*, "las libertades y derechos están siendo restringidos por efecto del conflicto armado, originado en la disputa territorial que libran grupos guerrilleros y paramilitares. Pero también de estratagemas de grandes intereses económicos, legales e ilegales, que al amparo del conflicto buscan por la fuerza concentrar tierras y bienes en algunas regiones".[1] Rangel refleja el pensamiento de algunos politólogos de la derecha, que le trasladan la responsabilidad de la antidemocracia a los llamados actores del conflicto y al narcotráfico, y exoneran a la clase dominante que ha detentado el poder. Sin embargo, reconocen el origen político del conflicto y visualizan con cierto realismo el desarrollo de la lucha armada.

Para Rangel también: "El Estado colombiano ha tenido, frente al fenómeno de la insurgencia, las posturas más disímiles, que se corresponden casi totalmente con los cambios de gobierno que se realizan cada cuatro años, sin que se advierta un hilo conductor, ni claridad de propósitos a largo plazo".[2]

Alejo Vargas descalifica "la tendencia a presentar el conflicto armado colombiano como ligado exclusivamente al narcotráfico. De allí se desprende que la lucha contra dicho fenómeno —reducida a los cultivos de uso ilícito— y la lucha contra la guerrilla son la misma cosa, sobre todo por razones del uso de la ayuda militar estadounidense. De acuerdo con ese planteamiento, el conflicto interno se resolverá si se logra 'derrotar' al narcotráfico".[3]

El libro *Colombia: Guerra en el fin de siglo*[4] de Alfredo Rangel Suárez, es interesante y analítico, enfocado, claro está, desde la óptica de la derecha y del Establecimiento, pero cargado de realismo, característica que casi nunca aparece en el discurso de los autores de esa orilla. Sobre la guerra y la paz se han escrito muchos libros. Abunda la literatura sobre el tema. Pero es difícil encontrar en un representante de la derecha, tanta objetividad y cuanto aporte para entender la etiología del conflicto político, social y armado de medio siglo de duración.

En el texto de Rangel de casi 200 páginas, incluyendo el prólogo del profesor Malcom Deas, superficial y de poco aporte a las ideas del autor, porque en círculo vicioso repite generalidades, tesis sesgadas y elucubraciones nada novedosas, lo primero que salta a la vista es el realismo real, que no mágico, de que hace gala el autor. Al contrario de otros politólogos de la derecha, que descalifican a la guerrilla revolucionaria porque es "cosa del pasado" y la consideran un fenómeno marginal, sin futuro, Rangel le atribuye un serio peligro para el Establecimiento porque "de continuar con los ritmos de crecimiento y expansión de la última década, antes de ocho años podría tener cerca de treinta mil hombres en armas y alrededor de trescientos frentes de combate irregular". Este cambio de calidad, según el autor, le permitiría pasar de la guerra de guerrillas a la guerra de movimientos y a la guerra de posiciones en las condiciones de un Ejército regular. Y agrega que existe subestimación de la "amenaza" que significa la guerrilla.

Rangel le reconoce sin vacilaciones el carácter político y de beligerancia a la guerrilla, a la vez que crítica la necedad de los altos mandos militares de insistir en el falaz argumento de la "nar-coguerrilla" y del "tercer cartel", tan difundido a nivel nacional e internacional.

Alfredo Rangel, defensor a ultranza de la "seguridad demo-crática" y uribista declarado, no vacila en recomendarle una po-lítica de paz al Gobierno. En el seminario sobre "Sostenibilidad de la seguridad democrática", realizado en 2005, con participación del presidente Uribe Vélez y de los altos mandos militares, después de hablar de las supuestas bondades de la "seguridad democrática" y de los esfuerzos militares para derrotar a la guerrilla, dijo que Uribe debe tener "una política de paz más pragmática":

> Para garantizar la sostenibilidad de la política de seguridad creo que es necesario tener una política de paz mucho más viable que la que tiene el Gobierno actual (...) Me parece poco realista su insistencia en condicionar estas conversaciones a que la guerrilla realice previamente un alto al fuego de manera

unilateral e incondicional, así como su negativa a desmilitarizar una parte del territorio nacional para que sirva como escenario de esos diálogos. Pero además de los temas de procedimiento, me parece que hay algo más de fondo que es el eventual contenido de esas conversaciones con los grupos guerrilleros. Yo estoy convencido de que con estos grupos tarde que temprano tendrá que hacerse una negociación política, es decir, que la agenda de negociación con los grupos guerrilleros tendrá que ir más allá de la simple reinserción, de la desmovilización, y de garantizarles la seguridad para que no los maten en las calles y puedan hacer política por las vías legales.[5]

También cuestiona Rangel la doctrina del "empate militar". Aquel viejo cuento creído hasta por la izquierda, que ni la guerrilla está en condiciones de derrotar a las Fuerzas Militares, ni éstas tienen la posibilidad de derrotar a la insurgencia. La guerra se puede ganar o se puede perder, dice el autor de marras, y a todas luces reconoce que la está perdiendo el Estado. Por eso, desde la lógica de la derecha, reclama una reforma militar de fondo para obligar a la guerrilla a negociar en la condición de debilidad y no de ofensiva como hasta ahora. "Sólo cuando el Estado y la sociedad le presenten a la guerrilla una fuerza de contención política y militar (…) podría pensarse que el conflicto está maduro para negociarse", afirma Rangel.

El vacío de Rangel, —obvio porque se trata de un pensador de la derecha—, estriba en que cree que el conflicto es de la guerrilla contra el Estado y la sociedad. Craso error. El alzamiento en armas es contra el Estado antidemocrático y violento de la burguesía bipartidista, necio en conceder los espacios para fuerzas alternativas al sistema dominante representado en el statu quo y cerrado a cualquier reivindicación social en beneficio de las clases populares.

Sin embargo, el carácter político del conflicto y las razones políticas de la guerrilla pesan en la sociedad colombiana. Unos pocos miopes las niegan. El general Manuel José Bonnet Locarno comandante de las Fuerzas Militares, durante el tiempo que las FARC le asestaron duros golpes al Ejército, le reclamó en cierta ocasión al Establecimiento: "El Estado no es sólo el Ejército. Son otras cosas como medicinas vías, educación".[6] Una manera de reconocer las causas que originan y retroalimentan el conflicto. Fue célebre el señalamiento en el Congreso de la República del general Bonnet de que el peor flagelo de Colombia es la corrupción, lo cual escandalizó a los guerreristas que esperaban que el oficial hubiera dicho que la guerrilla. El mismo general Bonnet, explicando la toma de Marquetalia en 1994, de la cual fue él uno de sus protagonistas, a la sazón teniente del Ejército, reconoció que la guerrilla se propagó gracias a la poca acción del Estado;

> (...) los planes, los proyectos, los puestos de salud, los maestros, las escuelas prometidas nunca llegaron. Tirofijo desplegó sus hombres y avanzó por la cordillera oriental con el apoyo de las demás repúblicas independientes. Pasó a El Pato, a Guayabero, bajó al llano, se estableció en La Uribe, y creó otro nuevo fortín: Casa Verde. Tirofijo y su gente se esfumaron y desde entonces los seguimos persiguiendo. El Estado y el Ejército se fueron, y él volvió para quedarse.[7]

Por cierto, el carácter político también se lo reconoció el presidente Andrés Pastrana Arango y lo reafirmó en la instalación de la Mesa de Diálogo en San Vicente del Caguán, en enero de 1999, aunque nunca dio el paso de otorgarle el status de beligerancia, en los términos definidos por el derecho internacional.

Aun a pesar de que el presidente Andrés Pastrana decretó la ruptura unilateral del proceso de paz en su Gobierno y parezca un canto a la bandera de lo que pudo ser y no fue, todavía considera que la única salida del conflicto es el diálogo.

Yo sigo creyendo que la paz, una paz cierta y duradera, sólo llegará por el camino del diálogo, el cual tarde o temprano tendrá que encontrar la vía para consolidarse (...) La visión de la paz que guió la acción de mi gobierno no fue un simple capricho, ni el deseo de un presidente por pasar a la historia: intentar la paz por la vía del diálogo era una necesidad inaplazable, un esfuerzo al que alguien tenía que ponerle el pecho con todo el valor necesario. Y así lo hicimos.[8]

En el conflicto colombiano "la voluntad de paz" debe estar estrechamente relacionada con la "voluntad de cambio", la que no es evidente en la clase dominante renuente a tolerar una apertura democrática y social para transformar a Colombia.

En la resistencia a los cambios de signo democrático y social de parte del Establecimiento, está la traba para la solución mediante el diálogo del conflicto político, social y armado. El dique de contención para la paz en Colombia, más allá de la degradación del conflicto o del desborde del paramilitarismo, con génesis este último en el mismo Estado, está en la clase dominante reacia a ceder un ápice de su poder antidemocrático. Lo reconoce Rangel, quien con tanta claridad interpreta la naturaleza del conflicto. Para el politólogo, a las guerrillas se les debe llevar a la Mesa de Diálogo en las condiciones de derrotadas, para que hagan su reinserción a cambio de algunas dádivas como ocurrió en procesos precedentes. Es la tesis original del ex presidente Alfonso López Michelsen, repetida por Jesús Antonio Bejarano, ex consejero de Paz, asesinado en la Universidad Nacional, por fuerzas oscuras, en septiembre de 1999.

Sin embargo, en la elite del poder, todos a su manera concluyen en la necesidad de la paz, del diálogo y de la solución política del conflicto. Pero dada la precariedad de la interpretación acerca de la etiología del conflicto y del surgimiento de la lucha guerrillera, observan con mucha limitación los alcances del diálogo.

No se comprometen a fondo con las reformas políticas y sociales avanzadas. En buena medida existe temor en la clase dominante hacia ellas. El día que haya una real apertura democrática en Colombia comenzará a tambalear el poder de la oligarquía bipartidista. En realidad, a la oligarquía le produce pánico la posibilidad de los cambios positivos que conduzcan a la paz democrática. Por eso, anhela un proceso de paz similar a los anteriores. Una simple entrega a cambio de pocas y efímeras prebendas. Lo esencial es, desde esa óptica, negociar la entrega de las armas y la desmovilización, soslayando el viraje necesario en la vida nacional.

En esta dirección caminan las "intenciones de paz" del gobierno de Uribe Vélez con las guerrillas, pues parte del paradigma de Santa Fe de Ralito con los grupos paramilitares. Primero la desmovilización y luego la "actitud generosa del Estado para acogerlos en el seno de la democracia". El instrumento de semejante modelo atrabiliario es la "ley de justicia y paz", cuyo universo el gobierno de Uribe Vélez extendió a la insurgencia guerrillera. Es una posición equívoca, que llega al colmo de otorgarle status político al paramilitarismo y de equipararlo a las fuerzas guerrilleras. Este modelo es inviable con la insurgencia, además que ésta nunca podrá avalarlo, porque en realidad lo que el gobierno de Uribe Vélez quiso fue cubrir de impunidad a los viejos aliados del Estado en la lucha contrainsurgente, preservando parte de sus estructuras, legalizando sus bienes y exonerando su responsabilidad en los delitos de lesa humanidad. Es un viejo sueño de Uribe Vélez que ya ensayó cuando fue gobernador del departamento de Antioquia. Pretendió legalizar a los paramilitares, entonces, mediante las cooperativas de seguridad Convivir, que quedaron sin piso jurídico debido a un fallo constitucional.

Los que detectan de alguna manera el real alcance que debe tener una negociación con la guerrilla, no dejan de acariciar la idea de la victoria militar, o por lo menos de la presión de las "fuerzas del orden", porque así la guerrilla se verá obligada a transar. Lo deja entrever Jesús Antonio Bejarano:

> El punto no es si queremos la paz como armonía, lo cual es obvio. O si queremos la paz como ausencia de la guerra, lo cual también es obvio; el punto es que una negociación para lograr la ausencia de guerra, que sea al mismo tiempo una negociación para crear las condiciones de la paz como armonía (fue lo que se hizo en El Salvador) y que implique cambios sociales, económicos, políticos, institucionales, etc., como resultado del desarrollo de una agenda de negociación, no es un problema de querencias sino de correlaciones militares y políticas precisas, que conduzca como en El Salvador a una suerte de "revolución negociada" en la que la negociación construye la democracia, no por el voluntarismo sino por la objetividad de las circunstancias que lo hacen posible.[9]

Traduciendo la argumentación de Bejarano, en el fondo avala el consejo del ex presidente Alfonso López Michelsen de primero derrotar militarmente a la guerrilla y luego sí sentarse a negociar su rendición. Perdiendo de vista que en la perspectiva del proceso hacia la paz, la actividad del movimiento guerrillero, tanto política como armada, apoyado en la actividad y los pronunciamientos de los sectores sociales y populares, colocará en el centro del debate (diálogo) los temas políticos, económicos y sociales fundamentales para una salida política del conflicto. En interpretación realista del desenlace que pueda tener la confrontación, Bejarano establece que también la guerrilla puede presionar cambios:

> El hecho es, querámoslo o no, que la única solución posible es la vía política, ya sea porque la guerrilla sufra pérdidas estratégicas considerables que la obliguen a negociar con una agenda

viable, o bien sea que logre posicionamientos estratégicos que modifiquen la correlación de fuerzas y que conduzcan al gobierno a hacer concesiones que no son posible en las circunstancias actuales.[10]

Las posiciones dubitativas y guerreristas de la burguesía son el real obstáculo de un proceso de paz sostenido. Las experiencias de Caracas, Tlaxcala y el Caguán, en las cuales fue posible adoptar una agenda de paz dirigida a analizar en profundidad las causas del conflicto, pero que fueron cortadas de manera abrupta por la parte oficial, demuestran la inconsecuencia de la clase dominante. En los tres casos, cuando los diálogos se orientaban por buen camino, el Gobierno se levantó de la mesa so pretexto de acciones militares de la guerrilla. En cambio, los representantes de las guerrillas nunca cejaron en el empeño a pesar de los crímenes de la guerra sucia que cobraron la vida de dirigentes y militantes de la Unión Patriótica y del Partido Comunista, de líderes sindicales y activistas populares y de los operativos militares contrainsurgentes cada vez más intensos en las montañas colombianas. Los tres procesos se adelantaron en medio del conflicto y era previsible que se presentaran este tipo de situaciones. La única experiencia de tregua bilateral, mientras se buscaba el acuerdo político, fue en La Uribe (Meta), durante el gobierno de Belisario Betancur, que se truncó por el genocidio de la Unión Patriótica y las continuas violaciones a la tregua por parte del Ejército.

A la oligarquía le ha faltado no sólo la voluntad sino la decisión de hacer la paz. Porque generalmente ha entendido los procesos de negociación como la entrega de los insurgentes. Así le funcionó la flauta en los llamados procesos de paz de años atrás. No sólo en los más recientes, que terminaron con la cooptación al sistema de la mayoría de los ex guerrilleros, sino también en los de los años 50, que culminaron con el vil asesinato de los combatientes como fue el caso de Guadalupe Salcedo, para dar sólo un ejemplo. Con la guerrilla actual es diferente. La negociación, si de verdad se quiere sea fructífera, debe apuntar a remover las causas esenciales que originaron el levantamiento en armas. Es decir tiene que culminar en un Tratado de Paz, que contenga soluciones políticas, económicas y sociales. La base de esa discusión para los insurgentes son los 10 puntos de un Programa,[11] que ha sido definido como estrategia para alcanzar la paz.[12]

El Establecimiento ha fracasado en el empeño de doblegar por la vía militar a la guerrilla, para obligarla a negociar en las condiciones de derrotada. Precisamente, se lo reclaman los grandes "cacaos", los gremios oligárquicos y el Pentágono norteamericano al Gobierno y a la cúpula militar, porque a pesar de la guerra integral, del Plan Colombia, del Plan Patriota, de los impuestos de guerra, del fortalecimiento del aparato bélico y de la "generosa" ayuda gringa, los resultados son los descalabros militares y el ascenso político y militar de la insurgencia.

A pesar de la publicidad del gobierno de Uribe Vélez y a la ofensiva mediática de las Fuerzas Militares y de los grandes medios de comunicación, hay quienes le reclaman poca eficacia en la lucha contrainsurgente y el fracaso de los planes militares en los cuales invierte la mayor parte del dinero de los colombianos. Alfredo Rangel, defensor del Plan Patriota y de la "seguridad democrática", dice:

> Un sexto lunar de la política de la seguridad gubernamental es el incremento de la actividad guerrillera en estos dos últimos años (2003 y 2004, nota el autor). Hay que registrar un hecho muy paradójico: a pesar de los esfuerzos de la política de seguridad democrática, en los dos primeros años de la administración del presidente Uribe la guerrilla realizó tantas

acciones como durante los cuatro años anteriores del gobierno de Andrés Pastrana, aun cuando predominaron las acciones de baja intensidad por decirlo así...[13]

El costo de la confrontación armada en materia económica se ha convertido en uno de los argumentos que más conduce a la clase dominante a la necesidad de buscarle solución al conflicto por la vía del diálogo y la negociación. Ningún plan reformista en materia social, que se acerque siquiera a las demagógicas promesas electoreras de los candidatos del sistema, puede concretarse debido a los elevados gastos del presupuesto de guerra: más del 5% del Producto Interno Bruto (PIB), algo así, como el 35% del Presupuesto de Gastos de la Nación, se está destinando al "sector defensa". Además, la crudeza cada vez mayor de la confrontación y su inocultable extensión, limita la inversión extranjera y amenaza las mayores utilidades de los grupos económicos y los empresarios.

La confrontación armada que era vista desde la ciudad como un fenómeno distante y periférico, comienza a sentirse en las urbes y por ende a preocupar a los citadinos. A pesar de la propaganda uribista que revela cifras increíbles de mejoramiento de la seguridad y del anunciado crecimiento económico, que más bien obedece a un fenómeno coyuntural y cíclico, aunque en Colombia no beneficia a los sectores de menor ingreso. Es un crecimiento económico que favorece de manera exclusiva las utilidades de los capitalistas, en particular del sector financiero y de las transnacionales.

Varios documentos de Planeación Nacional han llamado la atención en los últimos años (tanto en el actual gobierno como en el anterior) no sólo del elevado gasto militar sino de la ineficacia de las Fuerzas Militares. Un análisis del salmón de *El Espectador*,[14] a un documento de Planeación Nacional sobre el tema, dice que "por cada soldado en combate existen ocho funcionarios de apoyo". En el resto del mundo, el promedio es de un efectivo por tres de refuerzo logístico". El mismo análisis asegura que los recursos al rubro "defensa" llegan al 4% del PIB, esto es $4,3 billones. De continuar ese ritmo, en el año 2005 podría equivaler al 5,3%[15] del PIB. Entre 1980 y 1998 el crecimiento de la tropa fue de 4,2%, mientras el de la población fue apenas del 2%. Como conclusión, el documento de Planeación Nacional afirma: "si partimos de los principios que justifican este gasto, es evidente que la Fuerza Pública colombiana no está logrando sus objetivos en materia de seguridad interna". En este sentido, agrega, el gasto militar es ineficiente y voraz.

El Plan Patriota, aunque el anunció fue derrotar a la guerrilla en 180 días, tres años después dando por descontado su fracaso, implica un gasto de US$1,300,000 diarios, de los cuales Colombia coloca US$800 mil y Estados Unidos US$500 mil. Este gasto diario es considerado un desperdicio, igual que botar esa cantidad de dinero por una ventana, dado que los objetivos no se han cumplido. Con todo, los altos mandos militares continúan anunciando que el fin de la "guerra está cerca".[16]

La oligarquía colombiana y el gobierno de los Estados Unidos desconfían de la capacidad de las Fuerzas Militares para derrotar a la guerrilla. Declaraciones bravuconas de los altos mandos militares colombianos como las de magnificar aparentes "éxitos" contrainsurgentes, más bien desatan hilaridad en los "cacaos" y el Pentágono gringo. Estados Unidos, inclusive, no renuncia a la intervención directa en Colombia, aunque ahora está bastante ocupado con la invasión a Irak y la persecución a Bin Laden en el continente asiático. La militarización de las fronteras hace parte de ese proyecto intervencionista orquestado por Washington, en particular la de Venezuela, para promover la conspiración contra Hugo Chávez y la Revolución Bolivariana.

El Departamento Nacional de Planeación,[17] que no sólo refleja la opinión del gobierno de turno sino de las tendencias

predominantes en la política social y económica de la clase dominante, le hace el juego a la idea de internacionalizar el conflicto
armado, porque lo visualiza a través del tema del narcotráfico
que "es un problema global en el mundo de hoy". Los Estados
Unidos reducen el conflicto colombiano al narcotráfico, por eso
no tienen interés en una agenda especifica de negociación y os-
cilan en sus posiciones favorables o no a la paz al vaivén de los
acontecimientos, por esencia coyunturales. Resolviendo el lío de
los cultivos ilícitos y del supuesto vínculo de la guerrilla con el
narcotráfico, creen derrotar a la insurgencia. Para los nortearme-
ricanos, como en buena medida para Uribe Vélez, la guerra en
Colombia es contra el narcotráfico. Tesis absurda, con todo y la
doble moral que lleva implícita, porque en Colombia y en el mundo
se conoce hasta dónde el narcotráfico infiltró a la clase dominante
y al Establecimiento colombiano y hasta dónde Estados Unidos
se sirvió de él para patrocinar sus aventuras intervencionistas y
anticomunistas durante la guerra fría.

Planeación sostuvo en los tiempos del Caguán: "La dimensión
internacional de la subversión no está asociada a la naturaleza
ideológica de la guerra fría y, por lo tanto, el derrumbe del Muro
de Berlín y la desintegración de la antigua Unión Soviética no
tuvieron consecuencias significativas en la existencia y validez
de la guerrilla colombiana"...[18] Sin embargo, cree que como
producto de la interdependencia y globalización del sistema internacional actual, el conflicto armado de Colombia se ha globa-
lizado. En planteamiento peligroso, revelador de la última carta
del Establecimiento, asegura sin tapujos, que los conceptos de
"poder" y soberanía" son difusos; y debido al peligro de la guerrilla para el "Estado de derecho nacional", sumado a la relación
de la subversión con el narcotráfico, que implica relación de doble
vía con diversos actores internacionales, ya el Estado colombiano
no está en capacidad de resolver el problema sin la ayuda
internacional.[19]

En el marco de este concepto adornado con discurso posmodernista, el mundo actual es una "aldea global" con problemas, valores y visiones afines y en la globalización[20] "las restricciones de la geografía se desvanecen", el Estado pierde peso, mientras que organizaciones internacionales, transnacionales y ONG minan su papel. Con semejante argumento, la paz negociada con la guerrilla sería un anacronismo, pues la solución real estaría sujeta a los factores internacionales. Y sobre todo en definitiva a la resolución del problema del narcotráfico.

Es curioso que una entidad estatal como el DNP, dominada por la concepción neoliberal, no le vea provecho al funcionamiento de las instituciones públicas. Es la tendencia actual, predominante en la economía de mercado capitalista, de sacralizar la propiedad privada y anular toda acción del Estado, que debe intervenir sólo cuando los intereses privados así lo requieran. Con esta lógica del capitalismo salvaje, el Estado no puede regular para nada las normas de competitividad que impone el gran capital, pero sí es indispensable su protección cuando se trata de salvar el interés particular.

El análisis de Planeación demuestra de todas maneras un "discernimiento perverso" en las "alturas del poder": con la ayuda internacional podemos "financiar la paz", pero si ésta no se obtiene mediante el diálogo o se prolonga demasiado, pues no habrá más remedio que aceptar la intervención extranjera. El concepto de Estado, según este punto de vista, está mediatizado por el de globalidad, lo que es igual a la renuncia de la soberanía nacional y a la autodeterminación, por ende anacronismos en las condiciones del mundo actual. Es importante observar que estas elucubraciones en documentos oficiales se hicieron durante el gobierno de Pastrana en pleno proceso de paz con las FARC.

El gobierno de Andrés Pastrana privilegió el diálogo en contradicción con los corifeos de la guerra: la ultraderecha, el militarismo y sus aliados de Washington. Aceptó el despeje de 42 mil kilómetros cuadrados del territorio nacional y avanzó en la adopción de una agenda de diálogo, que incluyó doce puntos clave a concretar en el camino de la solución política. Pero, en contraste, el presidente Pastrana adelantó una política antisocial contraria a los intereses de los trabajadores y de los sectores populares, e impuso una "economía de guerra" para descargar en el pueblo el peso de la crisis y de la recesión económica, a causa del modelo de dominación. El llamado Plan Nacional de Desarrollo, eje programático de la gestión gubernamental, apuntaló el modelo neoliberal del capitalismo salvaje, las privatizaciones en la educación y la salud, los despidos y la regresión de antiguas conquistas laborales y paradójicamente aumentó los gastos bélicos del conflicto armado.

Pese a los avances en lo que tiene que ver con el diálogo y la agenda, la columna vertebral de la política de paz de la administración Pastrana descansó en el Plan Colombia, "orientado a mejorar la situación económica, social y ambiental de estas zonas y de esta población mediante acciones e inversiones dirigidas", según afirmaron, de manera mentirosa, la Presidencia de la República y el Departamento Nacional de Planeación, al tiempo que fijaron la aplicación de su espacio "en las zonas críticas del conflicto". Sin embargo, como ya quedó dicho, el Plan Colombia, instrumento de intervención gringa, fue el proyecto militar para atacar a la guerrilla.

Como bien dice el profesor Marco Romero: "La aprobación del Plan Colombia cambió la situación estratégica, militar y política de conflicto armado, así como las relaciones internacionales del conflicto",[21] reforzó la estrategia de guerra y le restó base social a la solución política. Es la responsabilidad histórica de la administración Pastrana, que sucumbió ante las presiones de la ultraderecha, los militares y los gringos.

En este sentido, la política de Pastrana fue de doble vía, como lo es también la "voluntad de paz" de la oligarquía colombiana.

Precisamente fue su Gobierno el que inició la reingeniería de las Fuerzas Militares a fin de prepararlas para la guerra. Fue la mejor herencia que le dejó a su sucesor. Mientras en el Caguán se adelantaban los diálogos de paz, el gobierno de Pastrana se preparaba para la guerra. Con razón se dice que al otro día de instalar el proceso de paz con las FARC, Andrés Pastrana les ordenó a los militares estar listos para la eventual ruptura del mismo.

En el discurso de instalación de las sesiones del Congreso, el 20 de julio de 2001, cuando se adelantaban los diálogos de paz en el Caguán, el presidente Pastrana describió sin rubor el proceso de militarización de la vida nacional, que alcanzó en gastos presupuestales el 4% del PIB y que Planeación Nacional propuso incrementar al 8% del PIB para "lograr la paz", aunque mediante la guerra total e integral.

Pastrana dijo:

> Las Fuerzas Armadas que dejaremos a Colombia son las Fuerzas Armadas más grandes, fortalecidas, modernas y profesionales de toda su historia. Para ello, hemos incrementado el número de soldados profesionales en un 150%, pasando de 22 mil en 1998 a 55 mil hoy. Además, también estamos incrementando el contingente de soldados regulares, los cuales han pasado de 57 mil en 1998 a 73 mil este año y llegarán a 103 mil en el año 2004. Tenemos una meta bien ambiciosa, pero la estamos cumpliendo. Con lo hecho hasta ahora y con el continuo desarrollo del Plan Fortaleza en los años subsiguientes, para el año 2004 tendremos un pie de fuerza total de cerca de 160 mil hombres. ¡El doble de lo que teníamos en 1998!
>
> Contamos, además, con más y mejores equipos. Yo recibí unas Fuerzas Militares y de Policía que tenían apenas cuatro helicópteros pesados artillados y 72 helicópteros para el transporte de tropas y materiales. Al terminar este año (2001), tendremos 16 helicópteros pesados artillados y 154 para transporte. Vale decir, en tres años hemos cuadriplicado el número de

helicópteros de combate y más que duplicado el de helicópteros de transporte, generando mayor efectividad, mayor presencia y mayor movilidad para nuestros soldados.

Las Brigadas Móviles, la Brigada Fluvial de Infantería de Marina —que protege a los colombianos de las zonas más apartadas con sus rápidos desplazamientos por los ríos—, la Brigada contra el Narcotráfico —que ya tiene operando tres batallones— la Fuerza de Despliegue Rápido —que cuenta con 5 mil hombres y a la que en noviembre (2001) se sumarán 2,500 más— y la Central de Inteligencia Conjunta son hoy la garantía de efectividad de nuestra Fuerza Pública y cuentan con los más avanzados sistemas de comunicación, inteligencia y capacidad para responder ataques.[22]

Y estas palabras se pronunciaron cuando avanzaba el proceso de paz con las FARC.

Lo reafirma el general Reynaldo Castellanos, ex comandante del Ejército, destituido, en 2006, por el "fuego amigo", cuando unidades del Ejército, batallón de Alta Montaña de Los Farallones, uno de los pilares de la lucha contrainsurgente en el Valle del Cauca, asesinó a varios policías antinarcóticos en Jamundí, al parecer por órdenes del cartel del norte de este departamento.

A partir de 1999, la reestructuración trajo consigo la conformación de nuevas unidades para incrementar la movilidad y poder de combate en las ofensivas del Ejército. Nació entonces la Fuerza de Despliegue Rápido (FUDRA), los planes energéticos y viales, la Brigada contra el Narcotráfico (BRACNA), la Fuerza de Tarea Conjunta del Sur y se activaron dos batallones de Alta Montaña, uno en el Sumapaz y el otro, en El Espino 8 (Boyacá)...[23]

No tendría nada de extraña esta afirmación del depuesto general Castellanos si la "reestructuración" de la que se ufana no hubiera arrancado en 1999, cuando estaba en plena marcha el proceso de paz del gobierno de Pastrana con las FARC.

No hay la menor duda, que la "voluntad de paz" de la oligarquía colombiana está determinada por los conceptos de globalidad, de la economía de mercado en las condiciones del capitalismo salvaje, del modelo neoliberal y de la conservación de los privilegios y de la desigualdad social y por supuesto del reinado del gran capital. Mientras que la "voluntad de paz" de la guerrilla está en estrecha relación con la renovación democrática del país y la satisfacción de ingentes necesidades populares, que se resuelven con medidas estructurales y no coyunturales.

Es vital el significado que tiene la agenda del diálogo en un proceso de paz, si es que en realidad se quiere avanzar en la solución política el conflicto. Esto lo entendió la Comisión de Personalidades,[24] también llamada de Notables, que formuló un pliego de recomendaciones (ver apéndices) por encargo de la Mesa de Diálogo del Caguán, en septiembre de 2001, cuando ya el proceso de paz estaba herido de muerte. Sin embargo, fue bien recibida por las partes. En general el país apoyó su informe, con la excepción del entonces candidato presidencial Álvaro Uribe Vélez, los altos mandos militares, los paramilitares que amenazaron de muerte a sus integrantes y la ultraderecha. La candidata Noemí Sanín, entonces enfrentada a Uribe, ahora furibunda uribista y embajadora en España, le hizo numerosos reparos y observaciones.

La columna vertebral del informe de las personalidades es la solución política como única alternativa de resolver el conflicto. En ningún momento se le hacen concesiones a los guerreristas y militaristas. Y es más: del hilo conductor de las recomendaciones se colige que la solución política no es cualquiera, sino la paz con democracia y justicia social. Los puntos colocados a la discusión de la Mesa están atados a la tregua bilateral, que tiene una connotación esencialmente política, puesto que su finalidad es para que las partes discutan la "Agenda Común" de donde podrán salir los acuerdos políticos, económicos y sociales que aseguren el camino a la apertura democrática y social, esto es, a la nueva Colombia. Los demás elementos de la tregua, como lo son el cese de fuegos, la aceptación del Derecho Internacional Humanitario, el cese de las fumigaciones en pequeños cultivos, el entorno social favorable y el respeto a los derechos humanos, entre otros, son para asegurar este fin político y trascendental.

Otro de los aspectos medulares radica en que el informe en su integralidad va dirigido a ambas partes, en el entendido que los compromisos son bilaterales y no pueden manejarse con ese odioso sesgo unilateral como suelen hacerlo los representantes del Establecimiento. Aun en el caso de las recomendaciones puntuales a una sola de las partes.

La tregua es bilateral como lo es también el cese de fuegos. Algunos voceros oficialistas divulgan la idea de que la guerrilla debe concentrarse en la zona de despeje, pero no está concebido así. Ambas partes silencian los fusiles y la guerrilla permanece donde está. En sus sitios habituales. Manteniendo, claro está, la zona de despeje o desmilitarizada, como garantía de que la Mesa de Diálogo no será afectada de ninguna manera, ni siquiera por eventuales violaciones de la tregua.

La Asamblea Nacional Constituyente es el punto de llegada del proceso de paz. A ésta se someterán los acuerdos de paz logrados y derivados de la discusión de la "Agenda Común". De cierta forma, la tregua es para trabajar los insumos que se llevarán a la Constituyente.

Sobre el tema de los paramilitares hay dos aspectos esenciales: el fin de la impunidad y el sometimiento a la justicia. Respecto de lo primero, implica la depuración de las Fuerzas Militares, de la Policía y de los organismos de seguridad del Estado de todos los individuos que de una u otra forma colaboren con el para-militarismo. Pero además, para evitar la impunidad, que sean procesados por la justicia ordinaria. También debe extenderse el castigo a los civiles que colaboran con la financiación y acción de estos grupos. Es una figura muy diferente a lo que se vio en Santa Fe Ralito y al sainete de la llamada "desmovilización" de los paramilitares, durante el gobierno de Uribe Vélez, con tufillo a farsa.

En cuanto a lo segundo, el Estado debe adoptar las recomendaciones de Naciones Unidas y hacer lo mismo con las de las ONG y otras instancias internacionales que no tienen carácter vinculante, a fin de que, junto con la legislación nacional al respecto, se puedan integrar en un solo cuerpo a manera de herramientas legales y constitucionales para someter a la justicia a los grupos paramilitares. A estos, llámense "AUC" o cualquier otra denominación, no puede dárseles reconocimiento político.

Debe convocarse un Encuentro Nacional contra el Paramilitarismo, que señale políticas al respecto, que escuche a las víctimas de este flagelo, porque la principal violación al Derecho Internacional Humanitario en Colombia es el accionar criminal de estas bandas que cuentan con la colaboración de agentes del Estado.

La "Comisión de Notables" le hizo un llamado al Gobierno Nacional a tomar en cuenta lo que define como un mejor ambiente social para la tregua y el proceso de paz (ver punto 26), escuchando los reclamos y reivindicaciones de los trabajadores. Es imposible caminar en dirección de la paz con esta onda neoliberal y ofensiva del gran capital contra los sectores populares, atada a los compromisos con el Fondo Monetario Internacional, que profundiza la brecha social en Colombia y hace crecer los niveles de pobreza.

Cuatro elementos finales para resaltar del informe son el llamado al ELN para vincularse a un solo proceso, que no significa una simple anotación retórica, sino la convicción de que los procesos de paz que estén en marcha tendrán que hallar un punto de convergencia en un momento determinado; la recomendación de que las partes nunca abandonen la Mesa y que las eventuales dificultades de la tregua se resuelvan con el apoyo de los "países amigos" y de las comisiones facilitadoras que se integren con representantes internacionales y personalidades colombianas; la adopción de la paz como política de Estado a tenor del artículo 22 de la Constitución Política para que los cambios de gobierno no afecten la continuidad de los procesos de paz; y por último la invitación a ampliar la Mesa de Diálogo, aspecto que por cierto fue planteado en la carta del comandante Manuel Marulanda al alto comisionado de paz, Camilo Gómez, de septiembre de 2001.

Este documento, que inclusive el presidente Andrés Pastrana caracterizó de "carta de navegación", conserva, a juicio de varios expertos en la materia, total vigencia.

En este contexto, la paz es posible si es el punto de llegada a la construcción de un nuevo país. La paz es viable mediante un tratado político y social, que implique el desmoronamiento del poder tradicional antidemocrático y despótico del bipartidismo y la superación de las abigarradas formas de injusticia social, que caracterizan la dictadura política y social de la oligarquía colombiana. La paz, entonces, está en estrecha relación con el surgimiento de un nuevo poder democrático y popular.

3. La paz como objetivo revolucionario

La paz no es la simple ausencia de la guerra como creen ingenuamente algunos investigadores y politólogos, estudiosos del conflicto armado colombiano, sino el resultado de un proceso largo, difícil, escabroso y contradictorio, que se desarrolla en espiral, en cuyo trayecto deben necesariamente desaparecer las causas de diversa índole que originaron el levantamiento en armas de sectores de la sociedad civil. A la paz se llega o bien a través de un proceso de diálogo, que se conoce también como de solución política negociada, o mediante el triunfo de las fuerzas revolucionarias que dé lugar a un nuevo orden político, social y económico de democracia avanzada y justicia social. Aunque siempre, en cualquiera de las dos circunstancias, concurrirán las más diversas formas de la lucha de masas, desde las tradicionales que no deben desestimarse hasta formas nuevas e inéditas que surgirán en el proceso revolucionario y en la lucha política y social.

El XVII Congreso del Partido Comunista Colombiano, realizado en octubre de 1998, señaló:

> No es adecuado cerrar ni limitar las opciones de desarrollo del proceso, ni pensarlas en función exclusiva de una sola forma de lucha. Por las características del país todas implicarán luchas diversas, en distintas proporciones y momentos, como también exigirán la disposición a los compromisos. En la realidad actual,

el creciente movimiento guerrillero resume un conjunto de objetivos políticos y de transformaciones sociales que el propio Gobierno se ha visto obligado a reconocer como base para el diálogo. Así mismo las luchas sociales y populares recogen el descontento ascendente de los sectores más golpeados por la crisis económica y pueden aportar el contingente masivo en una correlación social de fuerzas a favor del cambio y la democracia. Lo esencial es que los revolucionarios contribuyan a la acción, la organización, la movilización y la intervención decisiva del pueblo por su futuro.[1]

En la búsqueda de la paz, el diálogo siempre será una perspectiva, esto es, una forma de lucha para alcanzarla. No importa cuan aguda sea la confrontación armada o la intensidad de la guerra, el diálogo será una bandera de los revolucionarios en el camino de darle solución política al conflicto social y armado. Esta convicción que privilegia una salida distinta a la guerra, es lo que diferencia a los revolucionarios, humanistas por principio, de los guerreristas de la derecha, que no ven otra alternativa distinta a la confrontación para derrotar a la insurgencia. El diálogo es un punto de encuentro de la lucha armada con las luchas populares y de masas, que se articulan en el objetivo de la renovación democrática y social del país.

Toda guerra, así sea justa, porque las hay (existe el *Ius ad bellum* o el derecho a la guerra), es cruel y corre el riesgo, cuando se prolonga en el tiempo, de degradarse hacia profundos niveles, o bien por los errores de los contendientes o por la conducta asumida por las partes o por una de ellas. Es lo que ha ocurrido en Colombia, después de 50 años de conflicto, en el marco de un sistema político despótico y antidemocrático, con la irrupción del paramilitarismo, criatura del Estado para hacer la guerra sucia que por ciertas razones le está vedada a sus agentes. Este ingrediente, que no es ajeno a la doctrina imperialista de la seguridad nacional, degradó el conflicto colombiano debido a las operaciones de exterminio, masacres contra la población civil y el terrorismo de Estado. Es la mejor razón para buscarle una solución política al conflicto a través de los diálogos de paz, alejando los rigores y el horror de la aguda confrontación.

La paz no se logra con la victoria militar del Estado despótico burgués, porque en este caso quedan incólumes los desequilibrios políticos, económicos y sociales, que en el fondo son la génesis de la lucha armada revolucionaria. En este último supuesto, o mejor, hipótesis, se llegaría a una especie de paz de los sepulcros o pax romana, porque las causas del conflicto armado quedarán latentes y serán el caldo de cultivo de nuevos movimientos insurgentes. En el caso hipotético, por ello poco probable, que la guerrilla sea derrotada por el Ejército, en pocos meses o años, aparecerán otros grupos guerrilleros o los que fueron colocados fuera de combate, como el Ave Fénix resurgirán de sus cenizas. El proceso de la lucha armada en Colombia está colmado de experiencias que así lo demuestran. Lo reconoce también Jesús Antonio Bejarano:

> La guerrilla podrá ser derrotable en el plano militar pero jamás será derrotable en la medida para alcanzar la paz por la vía militar.[2]

En 1973, el Ejercito le propinó duras derrotas al Ejercito de Liberación Nacional (ELN), en Anorí pero los "elenos", considerados aniquilados y sus principales líderes caídos en combate o refugiados en el exterior, reconstruyeron sus fuerzas y son la realidad política y militar que hoy representan.

En Marquetalia, por ejemplo, en 1964, 16 mil soldados, orientados por el Plan Laso[3] de inspiración imperialista,[4] apoyados por aviones de la Fuerza Aérea Colombiana, fueron lanzados contra humildes familias campesinas sólo porque a la ultraderecha se le antojó que no era posible dejarlos trabajar la tierra, organizados en formas cooperativas y autogestionarias, diferentes al latifundio y a los remanentes feudales en el modo de producción capitalista. Los campesinos expulsados de Marquetalia —y más concretamente 42 de ellos—, liderados por Pedro Antonio Marín (conocido después como Manuel Marulanda Vélez en homenaje a un dirigente sindical asesinado por la dictadura conservadora), organizaron la resistencia y luego conformaron el Bloque Guerrillero del Sur, que posteriormente se transformó en las Fuerzas Armadas Revolucionarias de Colombia-Ejercito del Pueblo (FARC-EP), el grupo insurgente alzado en armas más antiguo y de mayor consolidación en el Continente.

Otras acciones militares (o militaristas, que para el caso es lo mismo), como el ataque a La Uribe, en 1990 y la Operación Destructor II, en las sabanas del Yarí, en 1997, ambas contra las FARC-EP, fueron fiascos del Ejército y le demostraron a la burguesía colombiana la incapacidad de ganar la guerra mediante el uso de la fuerza y por el contrario la necesidad de privilegiar la vía del diálogo. No es gratuito que la clase dominante, antes renuente a aceptar el diálogo y engolosinada con la posibilidad de derrotar a la guerrilla a través de la agudización del conflicto armado, hubiera dado el viraje para auscultar la posibilidad de una "solución civilizada", después de la frustración de los anteriores procesos y también del fracaso de las varias "estrategias de guerra para ganar la paz" adelantadas por los gobiernos de Gaviria[5] y de Samper.[6] En el mismo sentido, después del frenesí guerrerista que sucedió a la ruptura de los diálogos en 2002 y del fracaso de la retoma el Caguán y de la guerra uribista, en particular del Plan Patriota, se vislumbra un nuevo ambiente en el país favorable a la paz y a la solución política del conflicto. Aunque no se puede decir que exista un viraje en la política del gobierno de Uribe, que mantiene una línea de confrontación con la insurgencia y de impunidad ante los crímenes del paramilitarismo.[7]

En el proceso de diálogo del Gobierno de Andrés Pastrana y las FARC-EP, el jueves 6 de mayo de 1999, en La Machaca, San Vicente del Caguán, departamento del Caquetá, en acontecimiento histórico, los voceros del Gobierno en la Mesa de Diálogo, Fabio Valencia Cossio, María Emma Mejía, Nicanor Restrepo Santamaría y Rodolfo Espinosa Meola; y de las FARC-EP, Raúl Reyes, Joaquín Gómez y Fabián Ramírez, concertaron la "Agenda Común por el Cambio hacia una Nueva Colombia", con el propósito que fuera la base de la negociación bilateral pero con amplia participación de todos los sectores de la sociedad colombiana. La "agenda" recogió las propuestas de la guerrilla y las presentadas por el Gobierno a través de Víctor G. Ricardo (101 puntos). Fue tal vez el paso más importante en dicho proceso con las FARC. Lo más significativo en el marco de la solución política es la agenda de la negociación, sin ella es estéril todo esfuerzo en esta dirección. La agenda es la razón de un proceso de paz y si el análisis de ella se hubiera sumido con seriedad, quizás el proceso del Caguán hubiera terminado con otros resultados. Sin embargo, la oligarquía colombiana se negó a debatirla, una vez acordada se dedicó a torpedearla con todo tipo de argumentos y artificios. No hubo el interés de favorecer un cambio democrático en la vida nacional.

El Establecimiento entiende un proceso de paz para discutir las formalidades, los aspectos secundarios, para presionar la desmovilización y la claudicación de las fuerzas insurgentes y del pueblo en el objetivo de la transformación de la sociedad. La izquierda, entiende la paz de otra manera. Como la apertura al progreso social y a la democratización de la vida nacional. Son dos maneras distintas de enfocarla. Bastante contradictorias. Por esta razón, la clase dominante rompe de forma unilateral todo esfuerzo hacia la paz en el momento clave de la negociación de los temas de fondo. Es la experiencia histórica. Mientras que la izquierda defiende los procesos de paz y trata de concretarlos en lo temas fundamentales, que son lo del interés popular. El comandante Marulanda lo declaró varias veces en el Caguán: "Las FARC no serán las primeras en romper el proceso de paz". La paz es un objetivo revolucionario.

Creo que la paz es posible pero con democracia y con justicia social. Soy un convencido de la solución negociada del conflicto político, social y armado, pero al mismo tiempo soy consciente que el desarrollo de las formas de lucha, en el contexto histórico, va a depender de la propia actitud de la clase dominante colombiana. Si hay cambios políticos avanzados y se desarrolla la democracia, pues se abrirá el camino para la lucha democrática, abierta y civil de todos los revolucionarios colombinos. Pero si ocurre lo contrario, esto es, se estrecha más la democracia y se cierran las posibilidades de la acción popular por la guerra sucia y los planes de exterminio del sistema, lo que se fortalecerá es la lucha armada guerrillera, pues muchos revolucionarios mirarán hacia ella como la opción de lograr los cambios negados a la fuerza por el Establecimiento. El proceso político colombiano depende de esos factores, que se derivan de las leyes del desarrollo social y político. Es un problema, desde luego, de correlación de fuerzas, de ascenso de la lucha de masas y de ganar la conciencia del pueblo para esos cambios y hacia allí se debe dirigir la acción de la izquierda, de los revolucionarios, para lograr que las transformaciones políticas sean incruentas y sin violencia. En buena medida depende también de nosotros. Están en juego nuestra capacidad y nuestro humanismo.[8]

4. La solución política

El Partido Comunista Colombiano fue el primero en advertir la necesidad de buscarle una salida política al conflicto armado interno a través del diálogo de las fuerzas insurgentes y del Gobierno en tanto que cabeza del Estado. Era la forma de hacer menos cruenta la confrontación con altos niveles de degradación por la irrupción de la guerra sucia como modalidad del terrorismo de Estado.

En 1980, el XIII Congreso del Partido Comunista Colombiano[1] en sus conclusiones señaló que una apertura democrática capaz de remover las causas del conflicto le pondría a fin a éste, después de más de tres décadas de existencia. Contra los comunistas llovieron rayos y centellas. El gobierno de turno del presidente Julio César Turbay Ayala, caracterizado por la represión y la violación de Los derechos humanos, tachó la propuesta comunista de "estalinista", "porque es parte de la estrategia subversiva de la combinación de las formas de lucha". Desde el lado de la guerrilla, el M-19 (guerrilla populista) y el EPL de inspiración maoísta, la calificaron de "entrega del movimiento revolucionario". La UC-ELN, como se denominaba entonces, la consideró inviable y factor desmovilizador de las organizaciones guerrilleras. No faltaron, desde la izquierda, los calificativos de reformista y revisionista a la propuesta del Partido Comunista Colombiano. Sólo las FARC con una concepción más amplia de la complejidad de las formas de la lucha revolucionaria, la incorporó como parte de su táctica y estrategia política y militar.

En los congresos posteriores (XIV, XV, XVI, XVII, XVIII y XIX), el Partido Comunista elaboró nuevas ideas y propuestas sobre la necesidad de la paz, partiendo del concepto de que "la guerra en nuestra patria es evitable".[2] La propuesta política de los comunistas, madurada a lo largo de muchos años de reflexiones y discusiones colectivas, jamás consideró, ni antes, ni ahora, la entrega del movimiento guerrillero, aunque si privilegió el diálogo como vía de la solución del conflicto.

En la propuesta política del XVI Congreso del Partido Comunista Colombiano, en 1991, se consigna:

> (...) Lo importante ahora es analizar y profundizar en la iniciativa de encontrar una forma de negociación, sin partir de la previa rendición incondicional de un movimiento que no está derrotado(...) La solución política negociada puede ser un éxito de los guerrilleros, ante todo si en lugar de la capitulación que pretende el Gobierno conduce a un compromiso, cuyo contenido implica concesiones de parte y parte, pero esencialmente la renuncia de las clases dominantes a liquidar el movimiento guerrillero a cualquier costo; la renuncia a destruir mediante la guerra sucia, sus formas probables de reinserción política, de lo que ha sido dramático ejemplo la Unión Patriótica (UP); la reforma y democratización de las Fuerzas Armadas y de la justicia; las garantías internacionales mediante la ratificación del Protocolo II Adicional a la Convención de Ginebra de 1949; la veeduría internacional permanente y las soluciones políticas, económicas y sociales para la incorporación nacional y regional de un nuevo movimiento corno resultado del cese de la acción armada sobre las bases anteriormente anotadas.[3]

Precisamente todo lo contrario a lo ocurrido en los "procesos de paz" del M-19, el EPL, (es procedente anotar que una parte de este no se entregó), el PRT, el Quintín Lame y después la CRS, según lo revela la experiencia concreta, en que no hubo ninguna negociación política sino la rendición a cambio de dádivas del sistema, efímeras y sin ir al fondo de la problemática política y social. Varios de los integrantes de estos grupos, como era obvio, fueron asimilados por el Establecimiento, y en la actualidad están alejados de un proyecto alternativo, mucho menos revolucionario, y otros ex dirigentes, medran alrededor del bipartidismo para recoger las migajas que les arroja el poder. "La paz no se negocia, se decide, lo que se negocia es la reincorporación", diría de manera melancólica Bernardo Gutiérrez, ex comandante del EPL.[4] Hay algunos que están al servicio del uribismo en encumbrados cargos burocráticos; aunque un grupo significativo está integrado al Polo Democrático Alternativo. Son en este, casi en la mayoría, la corriente reformista y socialdemócrata.

Los procesos de paz desde la perspectiva revolucionaria parten de la vigencia del movimiento guerrillero y de la validez de la lucha armada, entre tanto se mantengan las causas que la originaron. En las conclusiones del XVI Congreso se lee:

> En sectores anteriormente de izquierda, que han venido acomodándose al sistema, se declara agotado e inactual el movimiento guerrillero, mientras proclaman adhesión exclusiva al legalismo civilista. Estos sectores olvidan deliberadamente las causas sociales, económicas y políticas que han dado origen a las guerrillas colombianas. Y pretenden ahora desconocer su muy importante papel en la vida política nacional por más de cuatro décadas. Hay que tener siempre en cuenta que la acción guerrillera ha sido la respuesta de los círculos más combativos de nuestro pueblo a la política de "sangre y fuego", al terrorismo de Estado, que se inscribió en la atmósfera de la "guerra fría" del imperialismo norteamericano contra los países de orientación socialista y contra todo el movimiento mundial de liberación. La lucha guerrillera ha sido factor muy importante para impedir la consolidación de sanguinarias dictaduras regresivas y para frenar la amenaza de golpes militaristas. Actualmente es

factor invaluable en la brega por las reformas democráticas y los derechos humanos.[5]

"La lucha armada es un componente demasiado importante de la realidad política del país y su papel en el logro de una salida hacia la democracia, la paz con soberanía y el progreso social es insustituible".[6] La negociación con la guerrilla es base para la democratización de la vida nacional, en el entendido que es clave en un proceso de paz la participación de la sociedad con sus propias propuestas e iniciativas. Lo principal en el proceso de diálogo y negociación del Estado y la guerrilla, es la agenda más que los procedimientos y mecanismos (el modus operandi), porque de su contenido y alcances va a depender el éxito del mismo. La agenda debe incluir los temas de interés general, los que apuntan a la solución de acuciantes problemas del pueblo colombiano. Es equivocado creer que un proceso de diálogo con la guerrilla debe sustentarse en los temas que son de su particular interés, supuestamente la desmovilización y saldar sus cuentas con la justicia burguesa.

Una agenda superflua, que no vaya al fondo de los problemas colombianos, jamás podrá definir el Tratado de Paz que le ponga fin al conflicto. Es la experiencia de los procesos de paz del pasado. Primero fueron las amnistías de la dictadura militar de Rojas Pinilla y del "Frente Nacional", apenas pegadas con babas por el "perdón judicial" a los guerrilleros principalmente liberales. Al final no pasaron de ser amnistías tramposas, porque los dirigentes acogidos a la "benevolencia del régimen" fueron eliminados con traición artera. Después, la experiencia hizo patética la frustración de los procesos de paz en los gobiernos de Belisario Betancur (1982–1986), Virgilio Barco Vargas (1986–1990) y César Gaviria (1990–1994), porque la prioridad estuvo en los estímulos para la reinserción, mientras los cambios de signo avanzado se le endosaron a una Asamblea Nacional Constituyente, en 1991, con los mismos vicios clientelistas y ventajistas del bipartidismo tradicional y por supuesto jamás llegaron. Precisamente es el modelo paramilitar del gobierno de Uribe, que pretende extenderlo al movimiento insurgente. De insistir, con terquedad en él, será inviable un proceso de paz con las guerrillas.

Las FARC-EP proponen los diez puntos de la Plataforma de un Gobierno de Reconstrucción y Reconciliación Nacional, aprobada en su Octava Conferencia, y el ELN los doce puntos que hacen parte del temario de la Convención Nacional. En ambos casos, son iniciativas para orientar el diálogo hacia los problemas de fondo del país; pueden y deben ser enriquecidos por las organizaciones sociales, sindicales y populares y los partidos y movimientos de izquierda que luchan por transformar la sociedad actual. Son la base del diálogo desde el lado de los intereses populares, por ello merecen el aporte en consonancia con los cambios y las urgentes necesidades de las masas. Son generales, precisamente porque deben desarrollarse en la discusión y en el acercamiento a las organizaciones populares, que no pueden estar al margen del proceso. Es clave, por ejemplo, el tema urbano, de la mayor importancia en un país de ciudades que recibe el impacto de la revolución científico-técnica y de la teleinformática en el comienzo de un nuevo siglo. Estas propuestas del lado guerrillero desmienten a quienes predican que la guerrilla no tiene un programa, o que se preguntan con cierta candidez ¿qué es lo que quiere la guerrilla?

La "Agenda Común por el Cambio hacia una Nueva Colombia", acordada en San Vicente del Caguán, es una aproximación a los temas fundamentales, susceptibles de ser enriquecidos, porque incorpora los puntos neurálgicos políticos, económicos y sociales, y deja abierta la posibilidad de encontrar el mejor procedimiento para elevar los acuerdos a normas institucionales mediante un mecanismo de participación democrática como la Asamblea Nacional Constituyente.

Los temas esenciales en la negociación son los políticos,

económicos y sociales, pero tienen también alcance los que tienen que ver con la tregua, el cese de fuegos y la aplicación del Derecho Internacional Humanitario. Estos últimos contribuyen a disminuir la intensidad del conflicto, lo humanizan como suele decirse, porque no es aconsejable negociar en medio de los actos de guerra. Es el elemento que aprovecha la oligarquía para encontrar pretexto y romper los procesos cuando estos entran en la etapa de los temas fundamentales.

En consecuencia, la clave no está en si la negociación es horizontal en cuanto a las partes contendientes y vertical respecto de "las organizaciones de soporte" a las cuales deben consultar cada una de las partes, como lo sugiere Jesús Antonio Bejarano,[7] conocedor a fondo de este tema, quien establece especies de compartimentos estancos ubicados en complicados niveles e instancias, más académicos que reales, porque no los tiene —y no los debe tener— un proceso de diálogo y negociación siempre por el contrario simple, fluido y dinámico. Lo principal, es la agenda, orientada hacia los temas de fondo, a las causas que originaron el conflicto y que deben erradicarse para despejar el camino de la paz. Lo esencial no es la voluntad de paz de las partes, que seguramente la tienen, sino la voluntad de cambio de la clase dominante para aceptar transformaciones en la sociedad. En síntesis, lo que debe modificarse es el statu quo de antidemocracia, atraso y miseria. Quizás este aspecto si lo advierte Bejarano cuando afirma:

> En el estado actual de *impasse* de la negociación de lo que se trata es de la voluntad de encontrar una solución o, en otros términos, de reemplazar la llamada "voluntad de paz" por la voluntad de encontrar una solución en el sentido de querer realmente resolver el conflicto y eso, naturalmente, implica, más que gestos unilaterales, la correcta identificación de las incompatibilidades básicas.[8]

Lo que el ex consejero de Paz llamó las "incompatibilidades básicas" son ni más ni menos, visto, claro está, desde un ángulo objetivo, las diferencias entre los postulados de la oligarquía que pretende defender a toda costa sus intereses y privilegios en las condiciones del régimen excluyente del bipartidismo que beneficia a un sector minoritario de la población y las pretensiones populares y altruistas de conquistar un país pluralista, democrático y de justicia social.

Dichas "incompatibilidades básicas" son las que marcan la diferencia: la clase dominante aspira a una paz gratis, esto es, a la simple reinserción (mejor: rendición) a cambio de auxilios, becas y microempresas para los combatientes, pero siempre y cuando el país continúe igual; y la guerrilla aspira a una paz pero con cambios democráticos y justicia social. En una encuesta del diario *El Tiempo* y la revista *Semana*, poderosos empresarios colombianos se manifestaron dispuestos a apoyar la paz, pero cuando les preguntaron qué estaban dispuestos a aportar para lograrla, todos dijeron que nada.

En la reunión de los representantes de los gremios de la producción y del comercio con el comandante de las FARC-EP, Manuel Marulanda Vélez, sostenida el 16 de abril de 1999, en Caquetania, los voceros de los ricos del país se pronunciaron en favor de la paz. Demostraron la "voluntad de paz" pero no ofrecieron nada a cambio. También revelaron que no tienen "voluntad de cambio". La oligarquía quiere paz pero para que todo siga igual. Al finalizar dicha reunión, según *El Espectador* del domingo 18 de abril de 1999 (p. 10 A), Sabas Pretelt,[9] presidente de Fenalco, declaró: "posponer la paz hasta que se logre el bienestar o la justicia social es un absurdo. La negociación duraría decenas de años". El presidente de Camacol, además les hizo ver a las FARC que "el país había hecho progresos importantes en materia social y económica en los últimos treinta años". A su turno, el presidente de la Federación Nacional de Ganaderos (Fedegan), Jorge Visbal, cuestionó a los líderes insurgentes por perjudicar continuamente a ese gremio y afirmó que "hay que meterle campo a la paz", haciendo referencia a la necesidad de invertir en el sector agropecuario.[10]

Causa por lo menos hilaridad la argumentación de "los verdaderos dueños del país", responsables de tantas desgracias, de la injusticia social y de la violencia, atizada desde arriba, para defender privilegios y odiosas discriminaciones. El presidente de los ganaderos, gremio comprometido hasta los tuétanos con el paramilitarismo, se presenta como víctima y habla de "meterle campo a la paz" pero se niega a la reforma agraria integral; el presidente de Camacol, divaga sobre la prosperidad en los últimos treinta años, cuando por el contrario el desempleo está en el 20%, la pobreza absoluta afecta a cerca del 30% de la población y el ingreso de los colombianos se ha deteriorado, todo en contraste con el aumento de las utilidades de los grandes capitalistas que se lucran del trabajo, el sudor y los sacrificios de 40 millones de colombianos. Para los representantes de los gremios la paz es viable mientras se mantenga el sistema; paz sí, dicen, pero sin redistribución del ingreso y la riqueza; paz sí, aseguran, pero sin reforma agraria integral ni cambio del modelo económico favorable al gran capital; paz si, claman, pero sin democracia avanzada ni pluralismo.

Cuando agonizaba el proceso de paz del Caguán, en noviembre de 2001, el comandante Manuel Marulanda Vélez dijo en voz alta, "que me digan, entonces, qué carajo es lo negociable". Se lo explicó así al semanario *Voz*:

> Todos (los tres poderes) nos hablan del Derecho Internacional Humanitario, de las retenciones de congresistas, de la ley 002[11] y otros aspectos que afectan a los poderosos, pero cuando planteamos la necesidad de discutir los temas de la Agenda Común, de cuyo acuerdo depende el fin del conflicto, nos dicen que nada del actual régimen es negociable.[12]

El presidente Pastrana fue muy enfático: Plan Colombia, "instituciones democráticas" y modelo económico (el neoliberalismo), no son negociables. Así prácticamente le colocó un enorme obstáculo a la paz, que fue el gran compromiso de su Gobierno.

Por supuesto que un proceso de paz exitoso no equivale a la "revolución por contrato" o a la "revolución negociada", porque los cambios revolucionarios serán obra de las masas y para transformar la sociedad capitalista. En este caso, los objetivos se prolongan mucho más allá de un proceso de paz exitoso. Lo que se pretende con los diálogos es la renovación democrática de la vida del país, esto es, un mayor espacio para la actividad política, con más garantías, sin estrechez ni exclusiones, mucho menos con ventajismos para los partidos tradicionales. Los objetivos de la paz no son maximalistas, se reducen a un nuevo orden político, económico y social más justo. La eliminación del régimen bipartidista de exclusiones y corrupción; garantizar el goce de los derechos fundamentales y de la participación democrática; una mejor distribución del ingreso, que no implica la eliminación de la propiedad privada; la defensa de la soberanía nacional y el fin de la tutela norteamericana; el pluralismo político, social y económico, por lo menos son bases para el cambio, de tal manera que surja un nuevo poder democrático y popular.

Con un nuevo estadio en el contexto político en Colombia, podrían darse las condiciones para el surgimiento de una opción alternativa de poder de las fuerzas de izquierda y democráticas, las más avanzadas y progresistas de la sociedad. Es decir, la paz esta en estrecha relación con el logro de un nuevo poder, en donde se abra paso la solución política del conflicto, un régimen pluralista y democrático, un modelo alternativo de desarrollo económico y social que se divorcie del neoliberalismo, la reestructuración de las Fuerzas Armadas y de Policía como instituciones para la paz, la democracia y la defensa de la soberanía nacional, la posibilidad de la reforma agraria integral, la dignificación del país y el fin de la corrupción en las altas esferas del poder, entre otros objetivos.

No es suficiente que el régimen muestre como "ejemplo de la democracia" el surgimiento del Polo Democrático Alternativo y la significativa votación que obtuvo en las elecciones de 2006, pues de todas maneras estos comicios demostraron la presencia del clientelismo, la corrupción, el ventajismo del bipartidismo sustentado por el capital y el imperio, con la característica que el estreno de la reelección presidencial evidenció la capacidad del gobernante de turno de servirse del Estado y del fraude para ganar las elecciones.

Todo el espectáculo de los uribistas en la campaña electoral está muy distante de lo que debe ser "otro momento" en la vida nacional, donde el pluralismo ideológico garantice la libertad de todos los partidos para actuar en el escenario político en pie de igualdad y con iguales derechos y posibilidades.

5. El paramilitarismo: criatura del Estado

Otto Morales Benítez, Coordinador de la Comisión de Paz en el gobierno de Belisario Betancur, quien renunció debido a las presiones de los "enemigos agazapados de la paz", como él mismo los designó, le quedó debiendo sus nombres al país. Aunque no es difícil encontrarlos en este mar de convulsiones.

El principal enemigo de la paz es el militarismo, promotor de la guerra sucia y de la extensión del paramilitarismo. Está integrado por elementos militares activos y en retiro; civiles de dentro y fuera del gobierno del tradicionalismo liberal y conservador, de posiciones ultraderechistas, ligados a círculos reaccionarios de los Estados Unidos; narcotraficantes y sectores de los industriales, latifundistas y ganaderos. Son los que se oponen a toda posibilidad de paz. Sabotean los diálogos y ponen en marcha los operativos de exterminio de la población civil para generar terror y desesperanza. No sólo atacan a los dirigentes y militantes de izquierda, pues también perpetran masacres indiscriminadas para escarmentar a los campesinos de que no deben colaborar con los alzados en armas (quitarle el agua al pez). También actúan contra dirigentes sindicales, agrarios, populares y de organizaciones no gubernamentales (ONG) de derechos humanos. No tienen fronteras en sus oscuros propósitos, como quiera que para crear más zozobra y terror actúan hasta contra elementos de la derecha.

El militarismo encuentra el caldo de cultivo en la guerra integral, la legislación regresiva y represiva, la penalización de la lucha social y de la oposición de izquierda, en los siniestros planes de los organismos de seguridad del Estado, el intervencionismo norteamericano y en las formas despóticas del poder. Con el coro de sectores del Gobierno, de representantes de los gremios de la producción y de algunos medios de comunicación y alentados en la actualidad por el gobierno de George W. Bush, promueve la especie de la "narco-guerrilla" para deslegitimar el fundamento político de los grupos insurgentes. No es un ardid nuevo, lo puso en boga el embajador de los Estados Unidos, Lewis Tambs, durante el gobierno de Belisario Betancur, precisamente cuando empezaban los primeros procesos de paz con la resistencia de la cúpula militar".[1] Tambs, en esas lecciones contundentes de la historia, posteriormente se vio envuelto en el escándalo del Irangate, en Centroamérica, donde apareció vinculado al tráfico de narcóticos para financiar la "contra" nicaragüense en los tiempos de la revolución sandinista.

En contraste, apareció evidente en Colombia el contubernio narcotráfico y militarismo. Altos oficiales del Ejército estuvieron vinculados a la creación de grupos paramilitares financiados por el cartel de Medellín, que trajo desde Tel Aviv y Londres a mercenarios para adiestrar a los sicarios. Para ello contaron con la colaboración de altos mandos militares y de importantes funcionarios del Ministerio de Defensa. Son hechos que desprestigiaron a las Fuerzas Militares y pusieron al descubierto la real esencia de la lucha contrainsurgente, en los parámetros de la doctrina de la seguridad nacional y del "enemigo interno" recomendados por las cartillas de contraguerrillas de U.S. Force.

Esta realidad incontrovertible a la luz de los acontecimientos, la reconocen observadores del exterior, distantes de posiciones revolucionarias, como la venezolana Rosa del Olmo, quien dice:

No puede olvidarse el impacto que la guerra contrainsurgente tuvo en la institución militar de algunos países, y como fue internalizando, a manera de misión ética, y que hoy en día todavía lo prioritario es derrotar a las organizaciones guerrilleras. Así se explican incluso las alianzas militares con traficantes para lograr el financiamiento de organizaciones paramilitares, como ha ocurrido en Colombia a pesar de que el resultado sea su corrupción que, en última instancia, impide lograr éxitos en la guerra a las drogas".[2]

El vehículo del militarismo para ejecutar sus oscuros y tenebrosos planes es el paramilitarismo, que se apoya en el narcotráfico y en la colaboración de determinadas autoridades civiles y militares. El "dañado y punible ayuntamiento" entre paramilitares y Ejército debilita el papel del Estado en cualquier proceso de paz. Agravado por la impunidad, porque los altos mandos militares y oficiales de mayor graduación a los que se les comprueba el vinculo con la guerra sucia, son absueltos por la justicia penal militar y hasta promovidos y condecorados como en numerosos precedentes. Al respecto, el Informe de la Alta Comisionada de las Naciones Unidas para los Derechos Humanos sobre la Oficina en Colombia, Mary Robinson, presentado al 55º período de sesiones de la Comisión de Derechos Humanos, en (Ginebra, Suiza, en marzo de 1999), establece:

Otro factor de impunidad es la lenidad de la jurisdicción penal militar en la investigación y el juzgamiento de miembros de la fuerza publica comprometidos en violaciones de los derechos humanos e infracciones al derecho internacional humanitario. Es muy reducido el número de militares y policías condenados por esa jurisdicción aun cuando la Procuraduría General de la Nación ha establecido la responsabilidad disciplinaria de los acusados en los hechos materiales procesamiento. La jurisprudencia de la Corte Constitucional ha establecido claramente que en el ordenamiento jurídico sólo puede conocer de los delitos cometidos cuando los hechos punibles tienen un vínculo claro, próximo y directo con el servicio. Sin embargo, la jurisdicción militar contienda reclamando competencia para procesar a integrantes de los cuerpos armados a quienes se les imputan conductas delictivas que, por esta naturaleza y gravedad, no pueden considerarse relacionadas con las funciones propias de la fuerza pública.[3] Según el alto tribunal, toda duda sobre la jurisdicción a la cual corresponde el conocimiento de un delito perpetrado por componentes de la fuerza pública debe resolverse en favor de los jueces ordinarios; tal criterio no ha tenido rigurosa aplicación. Al resolver conflictos de competencia, el Consejo Superior de la Judicatura ha continuado remitiendo a la justicia penal militar procesas que, según el citado fallo, debían corresponder a la justicia ordinaria.[4]

La intervención siempre torcida del Consejo Superior de la Judicatura, organismo de la rama jurisdiccional integrado con criterios partidistas, clientelistas y politiqueros, mas no jurídicos, avalando la competencia de la justicia penal militar en los casos de violación de los derechos e infracciones al derecho internacional humanitario de parte de uniformados de alta y baja graduación, demuestra la complicidad civil con el militarismo en "las alturas del poder del Estado" y hasta dónde llega la connivencia de las ramas del poder público en la tolerancia del paramilitarismo. Sin embargo, es dable reconocer que en el último tiempo, dado el desprestigio de la justicia penal militar, las investigaciones de determinados crímenes y masacres que involucran a la Fuerza Pública son de conocimiento de la jurisdicción ordinaria. Inclusive, en el segundo período presidencial de Álvaro Uribe Vélez comienza a hablarse de una "drástica y radical" reforma de la justicia penal militar.

El paramilitarismo en Colombia surgió como una política de

Estado para apoyar la acción represiva de sus agentes. A través de la historia se ha parapetado en diversas modalidades y nombres, como "los pájaros" y "la chulavita", en la mitad del siglo pasado, esta última, integrada por policías que actuaban en las dos condiciones: agentes represivos del Estado y fuerzas paraestatales de exterminio. Más que un modus operandi de la acción contrainsurgente, es de contrarrevolución preventiva porque se acentúa en las etapas de auge revolucionario y de las luchas populares de masas. A partir de los años ochenta se desarrollaron en una forma más definida de la mano del Estado, estimulados por la abierta ayuda de oficiales del Ejército y la total impunidad de sus crímenes.

En determinados momentos, los voceros gubernamentales reconocen la amplitud del apoyo al paramilitarismo, que no sólo se reduce a los militares y policías. Durante el gobierno de Andrés Pastrana (1998–2002) el paramilitarismo se extendió bastante en el país, en momentos que se adelantaba el proceso de paz con las FARC. Esta situación llevó a que el Secretariado de este grupo guerrillero declarara congelados los diálogos hasta tanto el Gobierno no asumiera determinaciones precisas para desmontar los grupos paramilitares. De otra parte, caciques regionales liberales, en la oposición a Pastrana, le dijeron al ministro de Defensa, Fernando Ramírez, que le harían un debate en el Congreso por la connivencia del Ejército con los paramilitares. Ramírez les respondió que aceptaba el debate, pero sobre la base que abarcara la colaboración que le prestan a las "AUC" ciertos gremios de la producción y algunos políticos locales tradicionales que se benefician electoral y políticamente de la violencia paramilitar. ¡Hasta ahí llegó la amenaza del mencionado de debate!

En riguroso análisis del fenómeno paramilitar, Carlos Medina Gallego y Mireya Téllez Ardila, dos estudiosos de la violencia en Colombia, dicen:

El fenómeno parainstitucional no es nuevo en la historia de Colombia. Prácticas de violencia de este tipo se han hecho presentes en momentos de profunda crisis social y política como una estrategia de confrontación que busca a través de mecanismos extralegales someter por la fuerza los niveles de organización y movilización social alcanzados por la sociedad civil, cuando esta coloca en entredicho la capacidad del Estado para ejercer el poder en forma hegemónica.[5]

Y más adelante agrega:

Las prácticas parainstitucionales de violencia por lo general acompañaron durante el período de violencia partidista las estrategias de terrorismo de Estado encaminadas a aniquilar la protesta social y a favorecerlos intereses del capital y el desarrollo capitalista en el país. El terror generado por la barbarie con que se desempeñó la policía "chulavita", región del departamento de Boyacá de donde eran oriundos bastantes miembros de la policía de ese tiempo, fue complementado por la acción de los grupos paramilitares que coma los "pájaros" en el Valle y Caldas, los "aplanchadores" en Quindío y Antioquia y los "penca ancha" en Sucre, dejaron el país sembrado de cadáveres.[6]

Los escuadrones de la muerte en la década de los años 50 fueron conformados a iniciativa del Partido Conservador en el poder, bajo la denominación de "pájaros",[7] que actuaron ligados a la fuerza pública. El objetivo era liquidar a la oposición representada en liberales y comunistas. Superada la larga etapa de la "violencia en Colombia", durante el Frente Nacional bipartidista se conformaron organizados y financiados por ganaderos y latifundistas para desmotivar a sangre y fuego las luchas de los campesinos por la tiara. Son los tiempos de la política de autodefensa de masas, en que el Partido Comunista orientó a la población del campo a organizarse para resistir a la violencia reaccionaria, amparada desde el poder.

En 1965, en el gobierno del "Frente Nacional" de Guillermo León Valencia, conservador, mediante atribuciones de Estado de Sitio le dio vía libre a la organización de grupos de justicia privada.[8] Carlos Lleras Restrepo, también mandatario del Frente Nacional, de filiación liberal, promovió la Ley 48 de 1968, que estableció la posibilidad de organizar a la población en "autodefensas" bajo el control y la orientación de los militares. Así comenzó a dársele al paramilitarismo un lugar en la estrategia contrainsurgente, con carta blanca para actuar contra la población civil. El espíritu de la ley promovida por Lleras fue incluido en el "Reglamento de Combate de Contraguerrillas", consagrado en la disposición N° 036 de Noviembre 12 de 1987 del Comandante General de las Fuerzas Militares, mayor general Oscar Botero Restrepo (Reglamento Ejc 3-10 restringido).

Durante el gobierno de Ernesto Samper Pizano, a iniciativa del alto mando militar, del entonces ministro de Defensa, el tristemente célebre, Fernando Botero Zea, y del entonces gobernador de Antioquia Álvaro Uribe Vélez, fueron creadas las Convivir, organismos de apoyo al Ejército en los operativos contrainsurgentes y forma encubierta de legalizar el paramilitarismo. Por la presión nacional e internacional, en la administración Pastrana fueron desmontadas, aunque varias de ellas se rebelaron contra la decisión gubernamental. De esta manera fue institucionalizada la organización de ejércitos paralelos en la lucha contrainsurgente, que nunca enfrentan a la guerrilla pero sí a la población civil.

Es en los años ochenta cuando más proliferan los grupos paramilitares, a través de la siniestra alianza de Ejército, latifundistas, ganaderos y narcotraficantes para crear grupos de exterminio de dirigentes y militantes de izquierda. Es la época del auge revolucionario y del surgimiento de la Unión Patriótica, el movimiento de izquierda de mayor envergadura y alcance político en la vida colombiana. El bipartidismo no toleró una alternativa avanzada y antes que ver su poder en peligro promovió el aniquilamiento del nuevo movimiento político. En casi todos los casos de asesinatos de dirigentes y militantes de la Unión Patriótica y del Partido Comunista Colombiano aparecen militares en estrecha alianza con paramilitares. Hay casos tan extravagantes como el refugio de los criminales en batallones del Ejército o del arma homicida amparada por altos oficiales. Sin embargo, no se puede caer en el error de algunos investigadores, que le atribuyen el aniquilamiento de la Unión Patriótica al hecho circunstancial de que el movimiento hubiera surgido al albor de los acuerdos de la Uribe de las FARC-EP y el gobierno de Belisario Betancur. Las prácticas de exterminio de la izquierda, al fin y al cabo manifestación del terrorismo de Estado, ya se habían ejercido antes de la aparición de la Unión Patriótica.

Los asesinatos selectivos y masacres de dirigentes de la izquierda (del Partido Comunista y la Unión Nacional de Oposición, UNO) hacia finales de los años sesenta y en la década de los setenta, en Puerto Boyacá, Cimitarra, Yacopí, Puerto Berrío y otros municipios donde los comunistas y sus aliados eran fuerzas predominantes, muestran una clase dominante intolerante que mediante el ejercicio de la violencia borra del escenario político toda fuerza alternativa progresista. La historia de los municipios antes mencionados, se repitió como tragedia en los años noventa en la rica zona de Urabá en el eje bananero. Inclusive durante "la violencia en Colombia", en el sur del Tolima, Huila y Cauca, la oligarquía tradicional, ligada a los latifundistas, mandó a asesinar a líderes agrarios como José Gonzalo Sánchez y Jacobo Prías Alape. Son las lecciones de la historia, tozudas y veraces. Por eso, no se puede hablar del genocidio de la izquierda, limitado a los dirigentes y militantes de la Unión Patriótica. En realidad éste se inicia antes en la historia colombiana.

"Los grupos paramilitares son cuerpos que actúan junto a la institución militar pero que al mismo tiempo ejercen acción irregular desviada, deformada, de lo militar".[9] Dice la Comisión Intercongregacional de Justicia y Paz, ONG de derechos humanos, ligada a la Iglesia Católica, víctima de persecuciones y amenazas por la labor humanitaria que cumple. Sin embargo, por esa aparente ambivalencia, que no la es, no puede colegirse el carácter político autónomo del paramilitarismo. Es parte del Estado por los propósitos originales y porque fue creado por éste, aunque actúa con soltura pero siempre en connivencia de mandos militares.[10] Al explicar la naturaleza de los grupos paramilitares, el investigador de ILSA, Carlos Alberto Ruiz, señala:

> Queda claro, en la realidad y en el papel, el objetivo político y militar de estos grupos: apoyar el combate contra la insurgencia. En reglamentos oficiales se fijaron sus métodos de organización, las formas de entrega de armamento, lo referente al entrenamiento, las técnicas de confrontación y el "adoctrinamiento psicológico". Pero la acción para institucional desbordó los canales de esas normas.[11]

Las mismas "autodefensas" en diferentes documentos, para escarnio de los nombrados, han reconocido la estrecha relación con las autoridades, sobre todo con las brigadas del Ejército, y con hacendados y ganaderos:

> En vista de los excelentes resultados obtenidos por los pequeños (*sic*) grupos de autodefensa quienes (*sic*) en forma eficaz ejercían la legitima defensa a sus vidas y propiedades, los grandes hacendados y ganaderos se decidieron a crear sus propios grupos con personal profesional, capacitado militarmente por el Ejército y la Policía y armados con fusiles, por la que se dieron las condiciones para que las autodefensas pasaran a un plano ofensivo. Igualmente estos grupos seguían siendo asesorados

por las Fuerzas Armadas, que encontraban en ellos un apoyo coma grupo paramilitar para defender la soberanía nacional.[12]

La violencia parainstitucional, dicen Carlos Medina Gallego y Mireya Téllez, "no tiene por objeto la transformación de la sociedad sino el de garantizar, complementar y suplementar su adecuado funcionamiento cuando el Estado no está en condiciones de hacerlo por las limitaciones que tiene en todos los órdenes. Parainstitucional en la medida en que es afín a los objetivos del ordenamiento existente y se compromete con el auxilio a la organización institucional".[13]

En el ya mencionado Informe de la alta Comisionada de las Naciones Unidas para los Derechos Humanos sobre la Oficina en Colombia, la importante funcionaria reconoce "la connivencia entre los paramilitares y la fuerza pública o autoridades civiles":

> En muchos lugares, como en Dabeiba y Vigía del Fuerte (Antioquia), en el sur de Bolívar, en Tolima en San Jasé de Guaviare, en Rionegro (Santander) o en Carmen de Atrato (Chocó), la Oficina en Colombia percibió, por observación directa o por información de primera mano que, pese a las denuncias trasmitidas por ella y por otros organismos estatales y no gubernamentales, la convivencia entre los paramilitares y la fuerza pública o autoridades civiles era continua, en algunos casos desde hace más de un año. Respecto de los casos reportadas por la Oficina al Gobierno, en la mayoría de ellas no se ha recibido información sobre el avance de las investigaciones a sobre grupos paramilitares, y la consulta con expertos independientes, llevaron a la Oficina a concluir que los grupos paramilitares no actúan en contra del Gobierno y que muchas de sus acciones se dan en conexión con sectores de la fuerza pública y algunas entidades civiles.
>
> La acción de la fuerza pública en contra de los grupos paramilitares ha sido ocasional y no es proporcional a la

participación de estos grupos en las graves violaciones de derechos humanos. Entre los elementos que indican la falta de voluntad de combatir con eficacia a los grupos paramilitares es de destacar que la ubicación de muchos de sus sitios de concentración y de entrenamiento es de conocimiento público tanto de los pobladores como de las autoridades.

A pesar de que muchos de estos lugares son de conocimiento también de la Fiscalía General, ésta no puede intervenir porque carece del apoyo necesario de la fuerza pública (policía y militares). Asimismo, se han multiplicado también las informaciones recibidas acerca del uso de helicópteros por los grupos paramilitares para la difusión de la propaganda y para acciones de combate como en el sur de Bolívar en noviembre de 1998. No se explica cómo estos numerosos vuelos pueden escapar al control del espacio aéreo que es muy estricto en Colombia (...)[14]

Como responsables del mayor número de violaciones del derecho a la vida aparecen, tanto en los registros de la Oficina en Colombia como en las de otras fuentes consultadas, los miembros de los grupos paramilitares, señalados como autores de los dos tercios del total de ejecuciones. Sin embargo, en varios casos conocidos por la Oficina, los hechos permitían a los quejosos referirse a la coparticipación o a la complicidad entre paramilitares y servidores de la fuerza pública (...)

Las masacres se concentraron especialmente en los departamentos de Antioquia, Meta, Bolívar y Santander la mayor parte de ellas fueron obra de grupos paramilitares que gozaron de plena libertad de acción para consumarlas, pese a que en algunas oportunidades el acaecimiento de la matanza era temida y fue anunciado par los pobladores del área, por los propias autoridades civiles e, incluso, por la misma oficina[15] en Colombia.[16]

Es inequívoca la naturaleza estatal y parainstitucional del paramilitarismo, tolerado por el Estado, auspiciado por este y convertido en auxiliar de la lucha contraguerrillera. Desmontar dicha deformación de la esencia del Estado, con mayor razón cuando este se reivindica democrático y pluralista, es una necesidad imperiosa para que avance un proceso de paz, en el marco de la "institucionalidad del Estado" y el acatamiento de todos sin agentes y oficinas a la Constitución y a las leyes. Cualquier gobierno que pretenda la paz en Colombia debe entender que es condición *sine qua non* para la solución política del conflicto, actuar contra el paramilitarismo, eliminarlo de raíz suprimiendo toda colaboración de agentes del Estado con ellos y proscribir toda práctica que estimule su existencia y actividad. Es una decisión práctica, más allá de la retórica oficial y de demagógicos pronunciamientos.

En este contexto es improcedente el llamado proceso de paz con las "AUC", que adelanta el gobierno de Álvaro Uribe Vélez y que comenzó con bombos y platillos en 2004, en Santa Fe de Ralito, un pequeño caserío en el departamento de Córdoba, al norte de Colombia, de fuerte presencia paramilitar. El proceso se inició con muchas dudas en el país y en el exterior. En Colombia apenas lo apoyaron los sectores uribistas y muy pocos países le dieron su respaldo. Ni siquiera Estados Unidos quiso apoyarlo con decisión. En la Unión Europea, con la excepción de Holanda y Suecia, los demás países prefirieron guardar distancia. La Organización de Estados Americanos fue la única organización internacional —en este caso regional— que le ofreció ayuda al gobierno de Colombia, para actuar de verificador de la "desmovilización" y del cese de hostilidades, misión que recibió muchas críticas y cuestionamientos.

Las "AUC" nunca cumplieron el cese de hostilidades y la "desmovilización" fue más bien una burla, porque los crímenes y las masacres siguieron presentándose en todo el territorio nacional. La "ley de justicia y paz", aprobada por el Congreso a iniciativa gubernamental, recibió numerosos reproches de las

Naciones Unidas y de ONG nacionales e internacionales. Es más bien una ley de impunidad, en la cual en el texto original le reconoce carácter político a los paramilitares[17] y establecen penas de cárcel por los delitos cometidos, incluyendo los de lesa humanidad, hasta un máximo de cinco años.

Es un desafío al deseo nacional e internacional por la verdad, la justicia y la reparación en los crímenes de lesa humanidad cometidos por el paramilitarismo, que son la expresión de la peor degradación del conflicto armado en Colombia.[18]

Los cabecillas de las "AUC", a pesar de la "desmovilización" y de la ley de justicia y paz, se encontraban deambulando por todo el país, gastando dinero en cantidades y dedicados al negocio del narcotráfico. La mayoría de los jefes paramilitares son narcotraficantes, dedicados a este negocio en distintos puntos del país y reclamados en extradición por la justicia norteamericana. El gobierno de Uribe Vélez les suspendió la extradición y se comprometió a que no procedería en ningún momento. Debido a las protestas en el país y en el exterior el Gobierno se vio obligado a llevarlos a la cárcel en "condiciones dignas", como dijo el presidente Uribe Vélez, y habilitó antiguos clubes sociales en Antioquia y Córdoba para que los jefes narcoparamilitares quedaran recluidos en la cárcel. Esas prisiones en clubes sociales hicieron recordar la célebre Catedral, que fue la cárcel de Pablo Escobar, construida por él mismo, en el gobierno de César Gaviria Trujillo.

El XIX Congreso del Partido Comunista Colombiano estableció:

> La negociación con los paramilitares que apoyan al Estado, que defienden los intereses de los latifundistas y de las transnacionales, que siendo confesos narcotraficantes, apoyan el Plan Colombia y están decididamente por la reelección de Uribe es parte integrante del modelo en proceso de establecerse. La idea base es que el paramilitarismo permanezca, como lo está

haciendo, bajo la cobertura de la seguridad democrática y sus redes de apoyo, los grandes proyectos agroforestales, mineros y vías financiados por el capital transnacional y la ocupación de tierras usurpadas a sus legítimos propietarios. Como hemos afirmado, el proyecto de reinserción se enmarca en la meta de formar una fuerza política armada, leal a Uribe, que refuerce regionalmente los planes reeleccionistas.[19]

Esta afirmación del congreso comunista se confirmó en los hechos, porque el paramilitarismo fue un puntal de la reelección de Uribe Vélez; en el proceso de "justicia y paz" no está previsto que los paramilitares le devuelvan las tierras a los campesinos desarraigados y continúan siendo una fuerza armada que intimida en varias regiones del país, al tiempo que sus voceros insultan a la Corte Constitucional porque no avaló tal cual la ley de justicia y paz, como fue acordada a escondidas con el gobierno de Uribe Vélez, y amenazan a lo colombianos que no están conformes con la impunidad.

6. Las partes del conflicto

Las partes del conflicto armado colombiano son el Estado, que representa a la clase dominante bipartidista que tiene el manejo y el control de los poderes públicos y sobre todo el poder económico; y las organizaciones guerrilleras que se levantaron en armas para lograr por la vía revolucionaria la toma del poder para el pueblo. El paramilitarismo no es parte autónoma de este conflicto, pues, como queda demostrado en el capítulo anterior, es criatura del Estado y parte de él en tanto que participa de manera irregular y parainstitucional en la lucha contrainsurgente y en la represión contra el pueblo.

Del conflicto político y social, que se expresa en las contradicciones entre el capital y el trabajo, en la lucha de clases[1] y la lucha de las masas a través de acciones armadas y no armadas del movimiento popular, es parte el pueblo colombiano, afectado por la ausencia de democracia y de justicia social y por las prácticas despóticas del poder. Las organizaciones sociales, sindicales, agrarias, indígenas, juveniles, femeninas, no gubernamentales, gremios de la producción, partidos políticos, Iglesia Católica y otras Iglesias, juntas comunales y demás entidades, tienen un papel importante en el proceso de solución política del conflicto colombiano. Ningún proyecto de paz puede adelantarse al margen de la sociedad (llámesele civil o como se quiera), la que debe aportar a la agenda y al contenido de las discusiones para concretar un acuerdo.

Pero nadie puede arrogarse el derecho de representar a la sociedad en general, amparándose en la categoría de "sociedad civil", que para el caso actual ha sido convertida en entelequia, para uso y abuso de determinados representantes del Establecimiento. El concepto de "sociedad civil", representado por elites asociadas a las formas del poder dominante, es ambiguo e impreciso en la realidad actual del país. ¿Cómo aceptar que la sociedad civil esté representada por miembros de distintas instituciones burguesas y de los tres poderes, que al fin y al cabo representan al Estado dominante? ¿O por los señores de los gremios económicos de la industria y el comercio, ganaderos y hacendados, monseñores y otras personas, vinculados por intereses capitalistas a los factores del poder económico y político? Estas elites se asemejan más al "principado civil" del que habla Nicolás de Maquiavelo en su obra cumbre *El Príncipe*:

> El otro modo de adquirir la soberanía sin emplear el fraude ni la violencia consiste en llegar al principado de un país mediante el favor y asistencia de sus conciudadanos; por lo cual a esta especie de principados puede darse el título de civiles. La adquisición no siempre supone en la persona agraciada singular mérito ni virtud extraordinaria, sino mucha maña y el aprovechamiento de una ocasión favorable.[2]

La sociedad civil existe como categoría filosófica y sociológica, pero sobre todo económica y política. Es diferente al concepto de población civil con el cual suele confundirse. Es otra categoría. Población civil es la que está desarmada (inerme) y no es parte enfrentada en el conflicto armado. No es necesariamente neutral. El maniqueísmo académico ha venido desarrollando la idea de la "neutralidad activa" que supone no estar ni con el uno ni con el otro. Como si de por medio, en el caso de los sectores populares, no estuvieran en juego logros como la democracia y las conquistas sociales que deben unificar al pueblo en su conjunto y distanciarlo de la oligarquía aferrada a sus intereses y al usufructo del poder en su particular beneficio. La oligarquía no es neutral. Está del lado del Establecimiento y del capital. El pueblo tampoco lo es, porque en contradicción con aquella tiene "un mundo que ganar y nada que perder" con la conquista de la democracia y la justicia social.

El concepto de sociedad aparece vinculado al desarrollo de la burguesía[3] en oposición al de "corte" de la formación económico-social feudal, aunque también el de "sociedad civil", menos trajinado y un tanto ambiguo, pero que a juicio de Marx y Engels se corresponde a un Estado determinado y por ende dominante.

Carlos Marx y Federico Engels adelantaron conceptos acerca de la "sociedad civil" sin agotar el tema. Con precisión determinaron:

> No es el Estado el que condiciona y regula a la sociedad civil, sino ésta la que condiciona y regula al Estado, y de que por tanto, la política y su historia hay que explicarlas por las relaciones económicas y su desarrollo y no a la inversa.[4]

En consecuencia, la anatomía de la sociedad civil hay que buscarla en la economía política,[5] y también en el materialismo histórico, porque es la sociedad civil la que determina en últimas, por razones de correlación de fuerzas, el tipo de sociedad predominante.

> A una determinada sociedad civil, corresponde un determinado Estado político, que no es más que la expresión oficial de la sociedad civil,[6] aseguran los fundadores del socialismo científico.

Dice Engels:

> En la historia moderna la voluntad del Estado obedece, en general a las necesidades variables de la sociedad civil, a la

supremacía de tal o cual clase, y, en última instancia, al desarrollo de las fuerzas productivas y de las condiciones de intercambio.[7]

La "sociedad civil", entonces, no es homogénea y mucho menos tiene propósitos únicos e intereses comunes entre los que la integran. En ella se anidan las contradicciones propias del sistema dominante, según los intereses de cada una de sus partes e integrantes. El Estado, pues, es el elemento subalterno y la sociedad civil, donde se dan las relaciones económicas, el elemento principal.

Antonio Gramsci, fundador del Partido Comunista Italiano, relaciona la "sociedad civil" con el conjunto de organismos llamados privados. La asocia a la hegemonía que el grupo dominante ejerce en la sociedad. La enfrenta a la "sociedad política", aunque en ocasiones se confunden, porque una y otra se encuentran en determinados momentos.

En el caso colombiano no puede aceptarse el concepto genérico y aglutinante de "sociedad civil" como interlocutor mancomunado ante el Estado y la guerrilla. Entendido así, el concepto de la misma es endeble y etéreo. ¿Cómo aceptar el sentido aglutinante y universal de "sociedad civil", cuando en el capitalismo hay quienes "no son siquiera citoyen, ciudadanos: personas como lo define desde los romanos el Código Civil"?[8]

Es indudable que todos los estamentos, y aún las instituciones, de la sociedad en general, deben contribuir en el propósito común de la solución política del conflicto y del diálogo como perspectiva viable de alcanzarla. En ello pueden actuar juntos los sindicatos, los partidos políticos, los gremios de la producción y el comercio, las ONG, las organizaciones agrarias, sociales, populares, femeninas, juveniles, indígenas, las Iglesias, los congresistas, los magistrados, el gobierno y la guerrilla. Como aspiración general debe concentrar esfuerzos y pronunciamientos comunes.

Pero en el proceso hacia la paz, es obvio que cada uno decanta sus posiciones y produce los acercamientos, coincidencias y la unidad, de acuerdo con sus propios puntos de vista e intereses. Es allí donde pierde significado el concepto genérico y totalizador de "sociedad civil". Todos están diferenciados por intereses económicos y sociales o factores ideológicos y políticos. ¿Qué afinidad en materia de intereses económicos y sociales puede haber entre gremios de la producción y sindicatos? ¿Qué identidad ideológica frente a los elementos de la solución política del conflicto puede haber entre los partidos tradicionales del bipartidismo y la izquierda revolucionaria?

Nadie es ajeno al conflicto, aunque no necesariamente empuñe las armas al lado de una de las partes enfrentadas. Lo que está en juego es el futuro del país y eso le concierne a todos los colombianos.

Por eso, es preferible que cada organización o grupo de organizaciones, dadas sus afinidades, establezca los criterios, formas, propósitos y plataformas de participación en los diálogos. Aunque todos, eso sí, pueden ser palancas de presión y dinamizadores de los acercamientos, encuentros y diálogos entre las partes en el conflicto. El punto común de todos es la búsqueda de la paz. Pero es evidente que una es la paz de los sectores populares y otra la de la oligarquía. Se abrirá paso aquella que tenga el respaldo de las masas y la fuerza renovadora en el país. Ahí esta la clave de la participación popular en múltiples formas, pero siempre de manera autónoma del poder dominante. Es vital, entonces, la cohesión y la unidad de los partidos y movimientos de izquierda, de las organizaciones sindicales y populares y de todo aquel que quiera una nueva Colombia distinta a la actual. En esa medida se dará una correlación de fuerzas favorable a la salida democrática y popular, y no para la paz de los sepulcros a la que aspiran los sectores dominantes aglutinados en el Establecimiento e identificados en los intereses oligárquicos.

De todas maneras lo anterior no excluye la posibilidad de las alianzas amplias, aun con sectores del Establecimiento, para promover la salida política y los diálogos de paz. Así como el frente amplio contra el despotismo, en Colombia existen poderosas reservas democráticas, como decía Gilberto Vieira[9] que se ponen en movimiento contra la amenaza militarista y fascista y en función de la apertura democrática. Así lo ha demostrado la historia.

7. El intervencionismo del imperialismo norteamericano

Colombia es un país de antigua y estrecha dependencia de los Estados Unidos, gracias a la clase dominante sumisa, quizás la más adocenada de América Latina. Los círculos imperialistas jamás encontraron resistencia del poder bipartidista colombiano en la frecuente intervención abierta para imponer sus designios. La férula de Washington sometió al gobierno de turno, fuera este liberal o conservador. Amén de la oligarquía, representada en los grupos económicos y en los gremios de la producción, que no ha tolerado de los gobernantes ni un ápice de independencia o autodeterminación, para que sus negocios no estén amenazados en el país del norte, el "principal socio comercial" y garante de sus muy buenas utilidades. El actual presidente de los Estados Unidos, George W. Bush, se ufana de la amistad del presidente Uribe Vélez, al que califica como su más fiel amigo y aliado en América del Sur.

Basta recordar el episodio de la otra "Patria Boba", en 1903, de la separación de Panamá, presionada por los norteamericanos, y que culminó para Colombia con el vergonzoso Tratado Urrutia-Thomson, en 1914, que cedió los derechos territoriales para la construcción del Canal de Panamá y significó el surgimiento del enclave colonial durante casi cien años, al que se le puso fin gracias a la lucha del pueblo panameño y al tesón de su líder el general Omar Torrijos. En 1948, durante la segunda postguerra y en el ambiente de la guerra fría alentada desde la Casa Blanca para frenar el auge revolucionario y el prestigio con que emergió la Unión Soviética por su participación heroica en la Segunda Guerra Mundial, definitiva para derrotar la amenaza nazifascista, Estados Unidos escogió a Bogotá como sede y escenario de la IX Conferencia Panamericana, la misma que le dio carta de nacimiento a la Organización de Estados Americanos (OEA), bajo el más riguroso control y dictado de Washington.

El evento, alterado por los acontecimientos del 9 de abril y "El Bogotazo", presidido por el general Marshall, padre de la guerra fría, colocó a la OEA[1] en la órbita de los Estados Unidos y en punta de lanza de la ofensiva anticomunista. El primer secretario general de la organización panamericana fue Alberto Lleras Camargo, conocido como "mister Lleras" por sus frecuentes servicios en favor de la política norteamericana en el continente.

En 1953, en el gobierno militar de facto, el "Batallón Colombia" fue enviado a participar al lado de las tropas estadounidenses en la agresión contra Corea. Este mismo Batallón, entrenado y adiestrado por expertos asesores norteamericanos, fue el encargado de arremeter contra los estudiantes de las universidades de Bogotá, los días 8 y 9 de junio de 1954, cuando protestaban contra la dictadura y recordaban al estudiante Gonzalo Bravo Páez, asesinado, en 1928, en las movilizaciones de repudio a la masacre de las Bananeras, ocurrida en la época para defender los intereses gringos. Después de la matanza de casi dos decenas de estudiantes, en la noche del 9 de junio, las directivas liberal y conservadora, estuvieron en el Palacio Presidencial brindándole respaldo al general Rojas Pinilla.

En 1964, el Pentágono de los Estados Unidos hizo el diseño del Plan Laso de agresión a las regiones agrarias de Marquetalia, Riochiquito, El Pato y Guayabero, de forma tendenciosa calificadas como "repúblicas independientes" por los sectores ultraderechistas encabezados por Álvaro Gómez Hurtado, político de la ultraderecha colombiana, asesinado después por sus mismos correligionarios. Desde entonces, en el Ministerio de Guerra primero y el Ministerio de Defensa después, fue instalada una oficina permanente de asesores militares de Estados Unidos con el nombre pomposo de Misión de Asistencia Militar. La cual en la actualidad está complementada con los programas militares antinarcóticos y la oficina permanente de la DEA en Bogotá, que orienta, dirige y hasta participa en los operativos antidrogas.

En los años setenta y ochenta la intervención de los Estados Unidos se incrementó en Colombia, debido a la preocupación de la Casa Blanca por el auge revolucionario y la expansión del movimiento guerrillero. Los documentos Santa Fe I (1981) y Santa Fe II (1988) establecieron claras coordenadas para la intervención norteamericana en el conflicto colombiano.

El dirigente comunista Manuel Cepeda Vargas, asesinado el 9 de agosto de 1994 en desarrollo del Plan "Golpe de Gracia" contra el Partido Comunista Colombiano, concebido en el marco de las recomendaciones contrainsurgentes del Pentágono de "eliminar al enemigo interno", comentó los documentos Santa Fe I y Santa Fe II de esta manera:

> Ante la aceleración de los procesos de despertar latinoamericano se prescribe el Conflicto de Baja intensidad. "Este término, crecientemente ubicuo, es utilizado para describir una forma de lucha que incluye operaciones sicológicas, desinformación, información errónea, terrorismo y subversión cultural y religiosa". El documento, recuerda que en 1986 el Congreso USA aprobó y Reagan firmó la Ley de Reorganización del Departamento de Defensa Goldwater-Nichols, destinada a operaciones especiales y a la creación de un Comando de Operaciones Especiales.[2]

En el Documento Santa Fe II,[3] elaborado por expertos norteamericanos[4] contratados por el Departamento de Estado, se establece:

Colombia se enfrenta a una doble amenaza a su seguridad y a sus instituciones democráticas básicas. Una de estas amenazas es la insurgencia respaldada por los comunistas que en la década del 80 creció en tamaño y magnitudes. Si las actuales tendencias continúan, Colombia se tornará en otro El Salvador para mediados del 90, si no antes. Pero a diferencia de esa pequeña nación centroamericana, Colombia se enfrenta también a otro enemigo; el poderoso y bien organizado cartel del narcotráfico con sede en las ciudades colombianas de Cali y Medellín.[5]

Las dos versiones del documento de Santa Fe precisan las estrategias de la administración norteamericana en los años ochenta para América Latina, considerado su "patio trasero" y orientan la desenfrenada acción anticomunista y de contrarrevolución preventiva, precisamente en momentos de ascenso de la lucha revolucionaria. En el fondo, es parte de la estrategia política para defender los intereses económicos del imperialismo norteamericano. Santa Fe es el preámbulo del modelo neoliberal, una especie de anticipo de éste, en que son recomendados algunos de sus principios básicos como las privatizaciones y la supresión del proteccionismo de Estado.

Son documentos de estirpe anticomunista, de contrarrevolución preventiva y de estímulo al terrorismo de Estado.

Dice Santa Fe I:

> Solamente Estados Unidos puede, como socio, proteger a las naciones independientes de América Latina de la conquista comunista, y ayudar a conservar la cultura hispanoamericana frente a la esterilización del materialismo marxista internacional. Estados Unidos debe tomar la iniciativa, ya que no sólo están en peligro las relaciones entre Estados Unidos y América Latina, sino que está en juego la propia supervivencia de esta república.[6]

En Santa Fe II se establece que "Estados Unidos no puede interesarse sólo en procesos democráticos formales" y recomienda como estrategia medular la participación en los conflictos de Baja Intensidad so pretexto de que "la red comunista subversiva y terrorista se extiende desde Chiapas, al sur de México, hasta Chile, convirtiendo a toda la costa del Pacifico al sur del Río Grande en escenario de franco conflicto". Cuestiona el estatismo porque lleva implícito el "nacionalismo integral"(*sic*) y alerta de la penetración del marxismo en la cultura. El objetivo del plan está orientado a que Estados Unidos aliente "mediante programas privados y públicos el desarrollo de empresas privadas en América Latina e intente acelerar la desinvestidura de las industrias paraestatales". Santa Fe I y Santa Fe II son planes para renovar el capitalismo, apoyado en el militarismo y en el despotismo del poder. La clave del Santa Fe II es el Conflicto de Baja Intensidad como instrumento para frenar el avance de "la subversión comunista".

Un informe elaborado para el pentágono gringo define la guerra de baja intensidad de la siguiente manera:

> La guerra de baja intensidad es el recurso de naciones y organizaciones para el uso limitado de la fuerza o la amenaza de su uso, para conseguir objetivos políticos sin la inclusión plena de recursos y voluntad que caracteriza las guerras de Estado-nación de supervivencia o conquista Típicamente, el conflicto de baja intensidad involucra relativamente poco número de participantes de todos lados, en relación con la importancia de los objetivos políticos en riesgo; éstos siempre son formas de acción política altamente poderosos, usualmente asimétricos. El Conflicto de Baja Intensidad (ya sea conducido por Estados Unidos o por otros) puede incluir diplomacia coercitiva, funciones policivas, operaciones psicológicas, insurgencia, guerra de guerrillas, actividades contraterroristas y despliegues militares-paramilitares con objetivos limitados. En tanto que la intensidad puede ser baja, la duración puede ser

muy larga. Debido a que las tácticas no convencionales son usadas frecuentemente, el triunfo en el CBl rara vez es aquel de la victoria convencional par la fuerza de las armas; frecuentemente el triunfo es medido sólo por evitar ciertos resultados o por cambios de comportamiento en un grupo que es el objetivo. Las operaciones de baja intensidad no se limitan al extranjero, ya que pueden ser necesarias en el interior de los Estados Unidos en respuestas a desórdenes civiles a terrorismo. El Ejército norteamericano se ocupa del CBl como ice principal misión en apoyo de los intereses globales norteamericanos y con el apoya de la población norteamericana.

Para los propósitos de esta definición de trabajo, los términos CBI y guerra no convencional pueden ser usados intercambiablemente. Sin embargo, tácticas no convencionales pueden ser tesadas en cualquier momento del conflicto.[7]

El conflicto de baja Intensidad (CBI) es un proyecto do contrarrevolución preventiva a mediano y largo plazo. Los objetivos del CBI son la contrainsurgencia, el apoyo a grupos contra insurgentes y el "contraterrorismo" mediante golpes preventivos y ataques de represalia.

La Guerra de Baja Intensidad incluye operaciones clandestinas, apoyo para campañas contrarrevolucionarias, "golpes contra el terrorismo" y otras misiones militares de bajo nivel. Es en su forma más pura, una guerra política-militar que no conoce fronteras y que hace pocas distinciones entre el personal civil y militar. La ayuda económica y humanitaria son vistas como armas de esta nueva guerra; se borran las diferencias entre los papeles de diferentes agencias tales como la AID (Agencia internacional de Desarrollo), la CIA, la Agencia de información estadounidense (USIA) y el Pentágono en ice estrategia seguida. Las operaciones psicológicas —que pueden definirse a grandes rasgos como: el uso planificado de los medios de comunicación para influir en las actitudes o comportamiento— se usan tanto para preparar al pública estadounidense para la intervención de GBI, como para pacificar a las poblaciones del Tercer Mundo y son el componente esencial de la teoría de la GBI.[8]

Con semejante concepción ideológica, en el Conflicto de Baja Intensidad es válido todo. No solamente es lícita la intervención directa para "defender los intereses globales de los Estados Unidos", sino también la promoción de grupos paramilitares, actos de terrorismo y de exterminio de la oposición de izquierda. En la guerra sucia en Colombia, en particular en los últimos veinte años, han sido utilizadas "tácticas no convencionales en el conflicto" recomendadas por los expertos de Santa Fe I y II y los inspiradores del CBI.

En el marco de esta delirante doctrina del Pentágono, fueron elaborados planes continentales, regionales y a escala nacional, como el "Plan Cóndor" en América del Sur y el Plan "Golpe de Gracia" en Colombia. Así se le dio luz verde a la doctrina del "enemigo interno" (quitarle el agua al pez), que consiste en adelantar los planes de exterminio de dirigentes y militantes de la izquierda, organizaciones sindicales, agrarias y populares porque son la potencial base social de la insurgencia.

La GBI entonces, como una forma refinada de los esfuerzos de contrainsurgencia estadounidense, representa un vinculo ideal a través del cual, la administración norteamericana puede implementar lo que se ha dada en llamar la "Doctrina Reagan", ésta pide según las palabras del Secretario de Estado, George Shultz, una "ofensiva global contra el comunismo en las fronteras del imperio soviético" En esta visión, los Estados Unidos se consideran bajo un ataque constante por fuerzas diversas y malévolas en todo el mundo. Según este punto de vista; el intento está en guerra constante. La ex embajadora ante la ONU, Jean Kirkpatrik dijo que el público estadounidense tiene que cambiar su actitud respecto a que la "a paz es una norma y a guerra y la violencia son anormales". Por tanto, la guerrilla, asaltos terroristas, tráfico de drogas y desorden doméstico en el Tercer Mundo y aún la critica de los medios de comunicación a la política exterior de los Estados Unidos, son síntomas de ese ataque global en contra de los Estados Unidos.[9]

Las dos citas últimas, reproducidas de la Revista CEMCAP de militares en retiro de América Latina, publicada en 1980, en el ambiente de la guerra fría anticomunista, de todas maneras no pierden vigencia en las condiciones actuales de la nueva relación internacional postderrumbe soviético, porque se ajustan a la concepción de la globalización en las relaciones políticas del nuevo siglo y a la política exterior norteamericana de intervención directa en otros países. Los ejemplos del Golfo Pérsico, Yugoslavia, Afganistán e Irak, en los últimos años, así como el creciente intervencionismo en Colombia so pretexto del narcotráfico y el terrorismo, confirman tal aseveración.

La base de la Guerra de Baja Intensidad para la contrarrevolución preventiva es la doctrina de seguridad nacional del Pentágono de los Estados Unidos, que establece como de interés norteamericano todo lo que ponga en peligro "la democracia occidental", en particular en América Latina área de su influencia y negocios. Con este pretexto intervino en el derrocamiento de gobiernos constitucionales como los de Jacobo Árbenz en Guatemala, Juan Bosh en República Dominicana y Salvador Allende en Chile; patrocinó aventuras terroristas contra la Revolución Cubana y para asesinar a sus principales dirigentes; organizó y financió la "contra" en Nicaragua Sandinista; invadió a Republica Dominicana, Haití, Granada y Panamá; y avivó el llamado CBI en Centroamérica, Perú Bolivia y Colombia, entre otras operaciones de terrorismo internacional. Y en la actualidad, de manera descarada, designó un "superespía" que recogerá información y vigilará la relación entre Caracas y Venezuela, integrantes del Eje del Mal según la estúpida definición del gobierno de Bush.

Para garantizar la supremacía de su política en el marco de la doctrina de la seguridad nacional, Estados Unidos ha sido promotor del militarismo en América Latina. Epicentro de esta formación es la Escuela de las Américas, fundada por el Pentágono, en el año de 1946, un año después de finalizada la Segunda Guerra Mundial y en las condiciones del feroz anticomunismo y de la guerra fría que las potencias occidentales precipitaron casi en la mitad del Siglo XX. Fue instalada en La zona del Canal de Panamá, con La finalidad de "formar militares en el espíritu democrático (*sic*) y detener el avance del comunismo". Luego fue trasladada al territorio norteamericano, aunque en estos tiempos de globalización Estados Unidos envías sus asesores y agencias a entrenar a los militares de América Latina en su propio territorio.

En la Escuela de las Américas estudiaron como aventajados discípulos los militares de América Latina, adiestrados en los conceptos de la doctrina de la seguridad nacional y de frenar, de cualquier forma, el auge de las ideas revolucionarias. Para los promotores, eliminar el comunismo era sinónimo de "estabilidad". En función del adoctrinamiento, los expertos de la escuela redactaron manuales "tipo", que de muchas maneras quedaron reflejados en los reglamentos contrainsurgentes de los ejércitos del continente. Esos manuales, escritos en castellano, enseñaban las técnicas de torturas, prácticas de interrogatorio y de combate a la guerra revolucionaria y a la ideología comunista.

Bajo el concepto de la doctrina de la seguridad nacional, se instruyó a los ejércitos americanos en las técnicas de combatir el "enemigo interno" y del conflicto de baja intensidad. Es decir: atacar en distintas direcciones. La filosofía de la lucha contrainsurgente se centró más que en realizar ofensivas contra los grupos alzados en armas, en golpear a los revolucionarios de la lucha legal, a los dirigentes de partidos de izquierda, destacados sindicalistas y activistas populares. La guerra sucia en dos palabras. Los ejércitos fueron capacitados en torturar y desaparecer militantes de izquierda, pero también en promover grupos paramilitares (de "justicia privada" como suelen decirle en bondadoso eufemismo) para que ejecutaran el trabajo sucio que por "razones éticas le está vedado al Ejército que es el brazo armado legal del sistema, es decir, del Estado". Con esta "lógica" criminal, le dieron luz verde a la creación de grupos paramilitares, no como una reacción a la insurgencia armada, sino como plan siniestro del exterminio de militantes y de hostilidad a la actividad legal de las organizaciones de izquierda.

Con estos preceptos, surgieron en los años setenta, ochenta y noventa, escuadrones de la muerte auspiciados por los militares, en Centroamérica, Colombia, Brasil, México, Uruguay, Argentina, Chile y Paraguay, fundamentalmente. En estas condiciones, a Estados Unidos, que tanto habla de derechos humanos y ahora los convierte en estandarte de práctica demagógica, le cabe una gran responsabilidad en la promoción y auspicio de estas organizaciones criminales que hacen parte de la práctica del terrorismo de Estado y en la violación de los derechos humanos en los países de América Latina por parte de los militares y organismos de inteligencia del Estado.

A raíz de los Acuerdos Torrijos-Carter, en 1984 la Escuela de las Américas fue establecida en Fort Benning, Estado de Georgia (Estados Unidos). Y desde 1992, grupos de activistas de ONG humanitarias, lanzaron la campaña para el cierre de esa institución, demostrando que la mayoría de sus alumnos eran militares de América Latina comprometidos en graves violaciones de los derechos humanos. La campaña interesó a congresistas norteamericanos que lograron divulgar los manuales elaborados en dicha academia, que horrorizaron al mundo. El congresista Martín Median, de Massachusetts, afirmó que "si la Escuela de las

Américas celebrara un encuentro de la asociación de ex alumnos, éste lograría reunir a los matones más indeseables de todo el hemisferio". Otro congresista la calificó de "escuela de asesinos".

En la Escuela de las Américas se fraguaron golpes de Estado, asesinatos de líderes políticos y planes de exterminio de los luchadores revolucionarios como el famoso "Plan Cóndor" de alcance continental.

Colombia es el país de mayor participación en la Escuela de las Américas en toda su historia. 9,679 oficiales fueron sus alumnos, y, por los resultados concretos, muy aventajados. Entre 1984 y 1992 cuando la guerra sucia fue más intensa en el país, 6,894 militares colombianos pasaron por las aulas de la tenebrosa "academia del crimen".

De acuerdo con un informe de Americas Watch y de la investigación de Michael López, Colombia tiene un dudoso y poco honroso record:

> De los 136 colombianos señalados coma responsables de violaciones en el Informe de School of the Americas Watch 25 han sido bien recibidos en la Escuela de las Américas, y se les ha concedido varias menciones como las de ser conferencistas o institutores invitados de la E.A., matriculas para asistir al prestigioso "Command and General Staff College", y han gozado de privilegios tales como el de ser nombrados "graduados distinguidos" o ser incluidos en la Pared de Honor de la E.A.

Y agrega Michael López:

> A la larga lista de graduados de la Escuela de las Américas implicadas en casos de desapariciones forzadas, torturas, ejecuciones extrajudiciales y complicidad con escuadrones de la muerte, se suman otros muchos involucrados en algunas de las más atroces masacres de la historia de los pueblos.[10]

En la pared de honor de la Escuela de las Américas, figuran los nombres de los generales retirados Farouk Yanine Díaz y Harold Bedoya Pizarro.

Además de está participación de los Estados Unidos en el adiestramiento y formación de los militares colombianos, la "ayuda militar" al Ejército es la más alta del continente. Helicópteros, aviones de guerra y millones de dólares son entregados para los operativos contrainsurgentes y para los programas antinarcóticos.

No obstante, —y sin ninguna autoridad moral— el Departamento de Estado se ha arrogado el derecho de criticar y censurar la abierta complicidad de uniformados con los grupos paramilitares y en los planes de exterminio de guerra sucia. Aun más: nombres de importantes generales han sido señalados como cómplices del paramilitarismo en los informes de derechos humanos que publica la Casa Blanca cada año.

Después del llamado fin de la guerra fría y de la desaparición del bloque soviético, la administración estadounidense centró lo principal de su estrategia intervencionista hacia América Latina, en el problema del narcotráfico. Incluyendo en este aspecto a la insurgencia, con el señalamiento de que la misma se lucra del narcotráfico. Los círculos más derechistas se refieren a la narco-guerrilla, aunque los más realistas entienden que no es así sino que en las regiones agrarias la insurgencia se encuentra, más que con los carteles de la droga, con los llamados "cultivos ilícitos", que son parte del desajuste social y sobre todo de la ausencia de la reforma agraria integral. Sin embargo, la existencia del narcotráfico y de los "cultivos ilícitos" es utilizada por Washington como plataforma intervencionista y de violación de la soberanía nacional.

Mirar el conflicto colombiano desde la óptica del narcotráfico es un disparate, porque elude las verdaderas raíces del mismo. Aunque en la agenda está incluido el tema de los "cultivos ilícitos", cuya represión afecta a la población campesina y a miles de desempleados (raspachines[11]) que dependen de él.

Las Fuerzas Militares de Colombia en buena medida desvían los recursos del narcotráfico hacia los operativos contraguerrilleros. Human Rigths Watch, en 1996, denunció en un informe sobre El papel de los Estados Unidos, que el Ministerio de Defensa de Colombia, en 1991, expidió la Orden 200-05/91 en la cual se aceptaban ciertas recomendaciones de los Estados Unidos para la lucha antidrogas. Sin embargo, la orden, con la marca de "reservado", no menciona para nada a las drogas sino que "con base en las recomendaciones que hizo la comisión de asesores de las Fuerzas Militares de los Estados Unidos", presentó un plan para combatir mejor lo que ellos denominan "la escalada terrorista por parte de la subversión armada".[12]

Después del 11 de septiembre de 2001, cuando el derrumbe de las Torres Gemelas y el ataque al Pentágono en Washington, el gobierno de George W. Bush, decretó la "estrategia global antiterrorista", que significa, al decir del comandante Fidel Castro, un golpe de estado contra el mundo.

En el discurso pronunciado en junio de 2002, en la Academia Militar de West Point, el presidente de los Estados Unidos declaró textualmente a los militares, le cito: "Nuestra seguridad requerirá que transformemos a la fuerza militar que ustedes dirigirán en una fuerza militar que debe estar lista para atacar inmediatamente en cualquier otro rincón del mundo".

Ese mismo día proclamó la doctrina de la "guerra preventiva y sorpresiva" algo que jamás hizo nadie en la historia política del mundo. Meses después, al referirse a la acción militar contra Irak, afirmó: "...si nos obligan a la guerra, vamos a luchar con el pleno poderío de nuestras Fuerzas Armadas".

Quien declaraba esto no era el gobierno de un pequeño Estado; era el jefe de la potencia militar más poderosa que jamás existió, poseedora de miles de armas nucleares suficientes para liquidar varias veces la población mundial, y de otros temibles sistemas militares convencionales o de destrucción masiva.[13]

En las nuevas condiciones —de repente no tan nuevas— la política exterior e interior norteamericana está basada en considerar
terrorista a todo aquél que está en contra de las agresiones del
imperio y en el vasallaje de su dominación.

> Con el nuevo milenio entra en la Casa Blanca una avalancha
> de la ultraderecha republicana encabezada por George W.
> Bush... La administración Bush–Cheney (como la de Reagan, a
> la que pretende emular), exuda militarismo. Revive el fantasma
> de la guerra nuclear; abandona el Tratado sobre Misiles Anti-
> balísticos firmado con la URSS en 1972, piedra angular del
> equilibrio nuclear; resucita con muchos más dientes el pro-
> yecto de Reagan, guerra de las galaxias, para crear un escudo
> antimisiles especial; anuncia la instalación de nuevas plantas
> nucleares para fabricar armas pequeñas, manejables y fácil-
> mente transportables que —anuncia— piensa utilizar; recha-
> za el Tratado de Kioto sobre el recalentamiento el planeta;
> liquida la propuesta para restringir el uso de armas pequeñas
> y ligeras; y lanza una fiera campaña contra el Tribunal penal
> Internacional: retira la firma de Estados Unidos de ese tratado,
> niega su jurisdicción sobre el personal estadounidense militar
> y civil, en servicio en otros países, amenaza con suspender la
> ayuda de Estados Unidos a las Fuerzas de Paz de la ONU y la
> ayuda militar a los países que no firmen acuerdos bilaterales
> para garantizar dicha inmunidad.[14]

En Colombia esa conducta imperialista ha tenido sus efectos
funestos. Tras el 11 de septiembre de 2001 se fortaleció la intervención norteamericana, aunque, ciertamente, desde el gobierno
de Pastrana se implementó el Plan Colombia, instrumento de dominación y sometimiento a la férula yanqui.

> La militarización de Colombia avanza bajo el Plan Colombia,
> concebido para la "guerra" antidrogas, con el apoyo económico

y logístico de Estados Unidos y el Plan Patriota para combatir a la guerrilla. Colombia es el segundo país del mundo que recibe más ayuda militar norteamericana (seiscientos cincuenta millones de dólares anuales y su embajada en Bogotá (dos mil funcionarios) es una de las más grandes.[15]

El Plan Colombia, proyecto intervencionista y guerrerista tiene alcance de amenaza continental. Con el pretexto de la lucha antidrogas es en realidad un proyecto contrainsurgente, pero también de intervención continental, pues se entrelaza con las llamadas Iniciativa Regional Andina e Iniciativa Amazónica.

> Los instrumentos de la política estadounidense para la región andino-amazónica se diseñaron durante los gobiernos de Bill Clinton y George W. Bush, cuando se acrecientan los problemas en el Medio Oriente y se confirma la tendencia deficitaria de la economía norteamericana y su necesidad de mercados y recursos energéticos para la primera mitad del siglo XXI. Esos instrumentos son tres: la Iniciativa Regional Andina, el Plan Colombia y la Iniciativa Amazónica. Comienzan a implementarse en Perú, Bolivia, Colombia y Ecuador, pero se proyectan para Brasil y Venezuela, dos países cuya evolución política define importantes dique a las pretensiones de la doctrina Bush... La iniciativa Regional Andina, como su prueba piloto el llamado Plan Colombia y ahora la denominada Iniciativa Amazónica, hacen parte de los programas del nuevo "orden mundial" y de las disputas en este inicio del siglo XXI por el control de recursos naturales estratégicos, como "los que ofrece la Amazonia, ese territorio de 7,8 millones de kilómetros cuadrados que cubre el 44% del territorio sudamericano, que da derecho sobre la órbita geoestacionaria, que guarda el 50% de los boques tropicales del planeta, una quinta parte de la reserva de agua dulce y el 60% de la biodiversidad mundial".[16]

Estados Unidos instiga la guerra en Colombia. Es el responsable del Plan Colombia y el Plan Patriota y, "contrariamente a lo que se piensa la ayuda militar de los Estados Unidos a Colombia no es tan alta mientras que lo condicionamientos de la misma son muy fuertes".

El cuento de que los gringos ponen el dinero de la guerra no es tan cierto, promueve y alienta la guerra interna, pero el peso del gasto recae sobre los colombianos, precisamente cuando más necesidades hay en el campo de lo social. El dinero se dilapida en la confrontación armada, mientras se cierran hospitales y centros de estudio públicos porque no hay presupuesto para su sostenimiento y el cuadro del tejido social es desolador por los alto índices de la pobreza, la pobreza absoluta y la marginalidad de amplias franjas de la población cuya tragedia no despierta el más mínimo interés en los círculos del poder.

> Del año 2000 al 2004 la proporción del gasto total en guerra y seguridad, sin incluir los recursos del Plan Colombia, como proporción del PIB, aumentó del 5,33% a 5,85 y el de la guerra propiamente dicha de 3,8% a 4,6%. Al considerar la ayuda militar y económica de los Estados Unidos, se encuentra que esta aumentó del año 2001 de 4,229 millones a $701 millones en el 2004, representando 4,68% y 11,38% del gasto total de guerra y seguridad.[17]

Con la implementación del Plan Patriota en el sur del país se incrementó la intervención norteamericana, no sólo con el apoyo económico y tecnológico (satélites y radares cada vez más sofisticados) sino también con la presencia de personal militar, que pasa ya del millar de personas. Además, bajo la cobertura de "contratistas del Plan Colombia", actúan mercenarios y agentes de la CIA, como los tres ciudadanos estadounidenses retenidos hace tres años y que las FARC declararon que serán sujeto del canje de prisioneros de guerra.

Estados Unidos, pues, tiene una deuda muy grande con el pueblo colombiano. Sus estrategias intervencionistas contribuyeron a agudizar el conflicto interno, a polarizar las partes y sobre todo al sufrimiento de la población civil que recibe el impacto directo de las prácticas terroristas de Estado enseñadas a los militares colombianos en las academias del tío Sam. Esta condición ingrata de la política exterior norteamericana, por lo menos debe motivar a sus líderes a favorecer una solución política del conflicto, dejando de contribuir a su exacerbación mediante la entrega de dineros y material bélico al Ejército, encubierta en los programas antinarcóticos y en la ayuda para reprimir a los carteles de narcotraficantes. Es una falacia. La participación norteamericana es parte de la confrontación armada en Colombia en tanto que la atiza y lo compromete con la cadena de infamias cometidas a lo largo de su desarrollo de medio siglo.

8. De los diálogos del Caguán al Plan Patriota

El 20 de febrero de 2002, por decisión unilateral del entonces presidente Andrés Pastrana Arango, se produjo la ruptura de los diálogos de paz con las Fuerzas Armadas Revolucionarias de Colombia-Ejército del Pueblo (FARC-EP), que desde enero de 1999, habían comenzado, de conformidad con la promesa de la campaña electoral del entonces candidato de filiación conservadora. Es pertinente recordar, que Pastrana Arango sucedió en la Presidencia a Ernesto Samper Pizano (1994–1998), liberal, uno de los períodos de mayor inestabilidad política en la vida nacional en el siglo pasado.

Samper Pizano fue duramente cuestionado, debido a que su campaña presidencial fue financiada por los capos del narcotráfico del Cartel de Cali, la familia Rodríguez Orejuela, cuyas principales cabezas fueron extraditados y están presos en los Estados Unidos. "Todo fue a mis espaldas" fue la frase, considerada cínica por sus contradictores, con la cual el presidente Samper explicó la grave acusación. La Cámara de Representantes, a la cual le correspondía formular cargos por función constitucional, decidió por mayoría abstenerse de formularlos ante el Senado, juez natural en estos casos, en escandalosa determinación.

El gobierno de Samper Pizano transcurrió los cuatro años, defendiéndose de las acusaciones, en una larga crisis política, con fuerte oposición nacional; y el gobierno de los Estados Unidos, en insólita decisión, le quitó la visa de entrada al territorio norte-americano. En dicho ambiente, un grupo de conspiradores de la ultraderecha promovió la idea de un golpe cívico-militar, al cual estuvieron vinculados ciertos altos mandos militares y la Embajada gringa en Bogotá. Fue tal la ferocidad de la polarización en aquella época, que uno de los conspiradores, Álvaro Gómez Hurtado,[1] fue asesinado por los golpistas en la Universidad Sergio Arboleda de Bogotá, donde el dirigente conservador dictaba clases de derecho.

En medio de la crisis política,[2] el Secretariado de las FARC-EP le propuso a Samper el inicio de diálogos de paz, sobre la base del despeje del municipio de La Uribe, en el Meta, a lo cual se negó bajo fuerte presión militar. Sin embargo, fue durante la ad-ministración Samper, después de consecutivas derrotas de los militares en el campo de batalla con las FARC, que se produjo el primer acuerdo humanitario, en el sur del país, donde el grupo guerrillero dejó en libertad, por decisión unilateral y a cambio de nada, a 70 militares retenidos en combate, el 15 de junio de 1997.[3]

Fue el único gesto de paz durante los cuatro años del gobierno Samper. Por el contrario, después de la entrega unilateral de los soldados, el Gobierno ordenó el operativo militar "Destructor Dos", en los llanos del Yarí, que buscaba eliminar al Secretariado de las FARC, según los objetivos declarados por la cúpula militar. Fue un fracaso, como todos los planes militares anteriores. Después vinieron trascendentales golpes de las FARC en distintos puntos del país, que llevaron a decir a varios especialistas del régimen que la "guerra se estaba perdiendo". Expertos en seguridad dijeron que las FARC habían pasado de la "guerra de movimientos a la guerra de posiciones" y anunciaron el fracaso del Estado.

El gobierno de Samper terminó, igual que comenzó: en medio de la crisis política y del desprestigio del gobernante. Durante estos cuatro años se fortaleció el paramilitarismo y en la región de Urabá, mediante el llamado Plan Retorno, en cooperación con los reinsertados "esperanzados",[4] los caciques locales liberales y conservadores, la XVII Brigada del Ejército y los paramilitares de Carlos Castaño, se perpetró el exterminio de la izquierda, en particular de la Unión Patriótica y el Partido Comunista Colombiano, hasta entonces fuerzas mayoritarias en la región.

Con estos antecedentes se realizaron las elecciones de 1998, en las cuales venció el candidato conservador, Andrés Pastrana, con el respaldo de la llamada Nueva Fuerza Democrática, quien ofreció diálogos de paz. Su principal contradictor fue el candidato liberal, Horacio Serpa Uribe, quien no obtuvo más del 50% de los votos en las elecciones de mayo de 1998, con el segundo lugar de Pastrana, de tal forma que hubo una segunda vuelta en el mes de junio del mismo año. Antes de las elecciones, Víctor G. Ricardo, enviado de Andrés Pastrana, se reunió en las montañas del sur de Colombia con los comandantes de las FARC-EP, Manuel Marulanda y Jorge Briceño ("Mono Jojoy"), lo cual le permitió granjearse la simpatía de la mayoría de los electores, comprometidos con la paz, con mayor razón debido al avance guerrillero en el gobierno Samper. Pastrana se reunió con los mismos jefes guerrilleros, en julio, después de su elección y un mes antes de su posesión. De cierta forma, el ambiente de paz y el compromiso con ella de parte de Pastrana se debió a la presión militar de la guerrilla y a la exigencia política del movimiento popular colombiano.

Horacio Serpa Uribe, quien también abogó por la paz, fue afectado por su vinculación como Ministro del Interior del anterior Gobierno. Fue un lastre que empañó la campaña liberal. Serpa fue el principal defensor de Samper, a ratos con vehemencia, y es obvio que eso afectó su imagen política. En la campaña electoral de 2006, frente a la reelección de Uribe Vélez, Samper le dio la espalda a Serpa Uribe, quien volvió a perder las elecciones. Un gesto desleal y desagradecido con quien tanto le colaboró para atenuar su desgracia.

En estas condiciones, el gobierno de Andrés Pastrana Arango (1998–2002) se encuentra con un ambiente favorable a la negociación política y a la paz. El país deseaba una solución política del conflicto. Y aunque había resistencia para los diálogos con la guerrilla en la cúpula militar, en la ultraderecha y en el gobierno de los Estados Unidos, Pastrana no tuvo alternativa ante la presión nacional e internacional, en particular de los europeos dentro de esta última.

No fue difícil para el Gobierno dar los pasos trascendentales en esa dirección. El primero de ellos fue el despeje de cuatro municipios, equivalentes a 42 mil kilómetros cuadrados, en el sur del país, que no fue del agrado militar. Ya se narró en un capítulo anterior,[5] el incidente con el ministro de Defensa, Rodrigo Lloreda Caicedo (conservador del Valle del Cauca) y los altos mandos militares, cuando Pastrana ordenó el retiro militar del Batallón Cazadores, uno de los pilares de la lucha contrainsurgente en esta región del país. Después de la renuncia del ministro Lloreda y de la mayoría de los oficiales, el presidente Pastrana fue obligado a comparecer en la base de Tolemaida,[6] donde en reunión con los generales conjuró la crisis, aunque nunca trascendieron los términos de la conversación y los compromisos del gobernante con ellos, aunque en el libro *La palabra bajo el fuego*, Pastrana narra el incidente como algo pasajero y que siempre estuvo bajo su control, es evidente que ante el llamado "ruido de sables", que puso al país ad portas de un golpe militar, Pastrana hizo concesiones graves como las de no aceptar la zona de despeje indefinida y de "bajarle protagonismo a la guerrilla en los cambios políticos y sociales". Desde ese momento el Gobierno Nacional estuvo mediatizado por los militares y la guerrilla perdió confianza en la autonomía de Pastrana para aceptar los cambios que condujeran a la paz.

Podría decirse, a pesar de la importancia política que significaron los diálogos del Caguán,[7] que el proceso de paz nunca despegó. No obstante que la agenda se adoptó al comienzo, nunca se inició su discusión, porque en realidad siempre los voceros de ambas partes, debatieron en círculo vicioso, sobre temas incidentales o secundarios y nunca se abordaron los aspectos de fondo. Fue el ritmo que le dio a la Mesa de Diálogo el Gobierno de Pastrana. Por lo demás, aspectos tales como el Plan Colombia y el fortalecimiento del aparato bélico del Estado, dos pilares de su política, bastante contradictoria, pusieron en duda la voluntad política de ese Gobierno para llegar a un acuerdo sostenido de paz. Es evidente que mientras Pastrana adelantaba los diálogos su Gobierno se preparaba para la guerra.

Así las cosas, era muy difícil que el proceso de paz llegara a una feliz culminación. Pastrana gobernó con los gringos; la economía se basó en el modelo neoliberal de las privatizaciones, la economía de mercado en beneficio del gran capital y con la inveterada costumbre del sistema capitalista de descargar sobre los trabajadores el peso de la crisis. El paramilitarismo se fortaleció, gracias al apoyo de las Fuerzas Militares y de algunos gremios como los ganaderos y los latifundistas en particular. Esta situación afectó el normal funcionamiento de la mesa del Caguán y la insurgencia se colmó de razones para no creer en la buena fe del Gobierno.

Cuando el presidente Pastrana decidió la ruptura, el 20 de febrero de 2002, ésta ya estaba cantada. El Gobierno Nacional necesitaba sólo un pretexto y lo encontró en el secuestro del avión de Aires, por guerrilleros de las FARC, que retuvieron al senador Gechem Turbay, pasajero de la aeronave. De no haber ocurrido esta situación, previsible en las condiciones de negociar en medio de la guerra, seguramente Pastrana hubiera acudido a cualquier otro incidente, menor o mayor. Su decisión de no seguir transitando el camino de la paz estaba tomada bajo las presiones de Washington, los militares y la ultraderecha colombiana.

Pastrana ni siquiera cumplió el compromiso de darle las 72 horas a la guerrilla, para abandonar la zona de distensión, como fue acordado en el comienzo de los diálogos, sino que en menos de tres horas ordenó la llamada "retoma del Caguán", en la cual fueron bombardeados campamentos guerrilleros desocupados, algunas casas públicas de las FARC donde sus voceros y dirigentes atendían reuniones y dos pistas aéreas civiles y comunales donde llegaban aviones comerciales a lo más profundo de los llanos del Yarí en las selvas del sur de Colombia. La población civil de la región estuvo en peligro.

Dos meses después, en abril de 2002, el presidente Andrés Pastrana Arango, sin que mediara ninguna razón, decidió romper los diálogos con el Ejército de Liberación Nacional (ELN) en La Habana (Cuba) y cerró toda posibilidad de una nueva aproximación con la insurgencia. Cambió el lenguaje calificando a la guerrilla de terrorista, logró con la presión de Washington que la Unión Europea la incluyera en la "lista de organizaciones terroristas", reconoció, por fin, que el Plan Colombia tenía objetivos contrainsurgentes y tachó a las FARC de narcotraficantes a lo cual se había negado antes. Por arte de magia cambiaron las condiciones en el país y el ambiente que sobrevino fue el de la guerra y la confrontación.

Este clima enrarecido cambió las tendencias políticas y electorales, en plena campaña presidencial en 2002, de tal forma que el candidato de la ultraderecha, Álvaro Uribe Vélez, muy débil en las encuestas, aumentó la intención de voto en su favor, hasta el punto que en el mes de mayo se impuso sin dejar ninguna posibilidad de segunda vuelta. El país pasó de la noche a la mañana de la paz a la guerra; a ello contribuyó Andrés Pastrana, quien ni siquiera tuvo aliento después para defender el esfuerzo de coronar la paz y terminó, así fuera por pocos meses, de Embajador de Uribe Vélez en Washington, promoviendo el Plan Colombia y la intervención norteamericana en el conflicto colombiano.

Álvaro Uribe Vélez comenzó el primer Gobierno (2002–2006) con amplio respaldo, implementando la llamada seguridad democrática, entendida como un plan para la guerra y de represión contra el pueblo. Desde el comienzo, a pesar de los anuncios demagógicos de buscar la paz a través de las gestiones de la Organización de las Naciones Unidas y el intercambio humanitario con los buenos oficios de la Iglesia Católica, dejó en claro que su apuesta era de guerra para derrotar a la insurgencia y rescatar a como diera lugar a los retenidos por las FARC.

Poco a poco el gobierno de Uribe Vélez fue imponiendo un régimen autoritario y despótico, que sólo tiene antecedentes en la dictadura conservadora de Laureano Gómez de los años cincuenta del siglo pasado o en el gobierno liberal de Julio César Turbay Ayala (1978-1982), que mediante el llamado Estatuto de Seguridad estableció el terrorismo de Estado y la persecución a las organizaciones populares, con la aplicación de torturas, desapariciones y asesinatos de Estado. Con razón, Turbay Ayala en los últimos años de su vida le dio el apoyo a Uribe Vélez y abogó por su reelección.

Uribe estableció una línea política orientada a apuntalar un régimen autoritario y excluyente, clasista y ligado a los intereses norteamericanos.

Los ejes principales del proyecto pueden resumirse así:

Un plan de desarrollo económico, que invoca la tesis de la "seguridad democrática", con el argumento de que la recesión económica es consecuencia del conflicto armado, por lo cual las perspectivas del crecimiento dependen de que se derrote a la guerrilla. Incluye la promoción de un supuesto "Estado comunitario" que esconde las medidas de reducción del salario real y el proceso de supresión del régimen laboral y la propuesta de un "país de propietarios". La negociación de un Tratado de Libre Comercio con Estados Unidos (TLC) que es la profundización del sistema neoliberal. Medidas restrictivas de lo derechos y garantías democráticos. Un fortalecimiento descomunal de la fuerza pública. Un entreguismo sin fronteras en relación con el gobierno Bush y una política en contravía de los procesos democráticos de América Latina. Una continuada ofensiva contra los intereses de los trabajadores.

Estas líneas generales no se han modificado sino que conforman una secuencia de regresiones extrañas a las propias tradiciones republicanas de la democracia burguesa. El propio Uribe trata de persuadir a la clase burguesa de que "ya no es posible seguir gobernando como antes", en el entendido de que se necesita más autoridad y que las fallas del país se deben a la debilidad de los otros gobernantes de la burguesía. La lógica de la reelección[8] está en la necesidad de lograr los objetivos propuestos, muchos de los cuales han tropezado con la resistencia democrática y popular de masas, y con la acción insurgente. Lo que intenta consolidar Uribe es un régimen autoritario, militarista y neocolonialista, con rasgos, métodos y objetivos de clase inspirados en el irracionalismo fascista y en un pragmatismo ligado al clientelismo y la corrupción...[9]

El gobierno de Uribe Vélez, en 2003, puso en marcha el Plan Patriota, un vasto operativo militar con asesoría del Pentágono norteamericano. La primera ministra de Defensa y ahora senadora uribista, Martha Lucía Ramírez, dijo con euforia guerrerista que en 120 días la guerrilla sería exterminada. El Plan Patriota fue un fracaso, dicho por sus propios apologistas. Pasados tres años, los altos mandos militares no hacen sino repetir que "estamos en la fase final", pero los resultados son muy pobres para la gran inversión que demanda el plan.

La Fundación Seguridad & Democracia, asesora de las Fuerzas Militares, al tiempo que dice que a consecuencia del Plan Patriota "en la administración Uribe la Fuerza Pública realizó 149% más combates que en la de Pastrana y 278% más que en la de Samper",[10] los resultados son menores, porque la guerrilla también intensificó su accionar.

Al comparar los tres últimos períodos presidenciales los ataques de los grupos irregulares contra la Fuerza Pública, sin tener en cuenta los eventos relacionados con minas antipersonal, aumentaron durante la administración de Álvaro Uribe en 32% frente a la de Andrés Pastrana y en un 56% a la de Ernesto Samper. En total durante el período presidencial de Uribe se registraron 2,316 ataques, mientras que en el de Pastrana fueron 1,754 y en el de Samper 1,480, por lo que el promedio diario aumentó al pasar de 1,01 en el gobierno Samper a 1,2 en el de Pastrana y a 1,62 en el de Uribe.[11]

De igual manera, las bajas aumentaron, según la Fundación Seguridad & Democracia, porque en el primer "gobierno de Uribe se registraron 1,397 bajas lo que representa un aumento del 13% frente al de Pastrana que fueron de 1,235 y del 3% frente a Samper cuando fueron de 1,351".[12]

Al desagregar los ataques realizados por las FARC por años, se observa que en 2005, último año corrido del gobierno de Uribe, se registraron 370 acciones, 59% más que en 2001, último año de Pastrana, cuando fueron 233 los hechos y 72% más que en 1977, último de Samper, cuando fueron 215", dice el informe ya mencionado.[13]

A todas luces un fracaso, aunque los mandos militares lo niegan con el argumento que el Plan Patriota tenía los objetivos fundamentales de quitarle territorio a las FARC y golpear sus finanzas. Sin embargo, las declaraciones de los sucesivos ministros y generales de la estructura de mando, siempre anunciaron la pronta derrota de la guerrilla y que esperaban resultados en cuanto a capturas o muertes de miembros del Secretariado de las FARC. Especulan los asesores, analistas, voceros del Gobierno y mandos militares, que la guerrilla está metida en la selva, sin vías de comunicación y sin posibilidades de actuar, pero las propias cifras de la Fundación Seguridad & Democracia demuestran que no es así. Como también los golpes que recibieron el Ejército y la Policía

Nacional entre finales de 2005 y comienzos de 2006 o los "paros armados" en Arauca y Putumayo.

Es evidente que ante el Plan Patriota y el aumento del pie de fuerza la guerrilla modificó la táctica. De la guerra de movimientos a la guerra de posiciones, regresó a la guerra de guerrillas, mediante la cual no ofrece tanto blanco y la movilidad de pequeños grupos le permite asestar golpes inesperados a la Fuerza Pública. Una facilidad de la guerrilla es la trashumancia y el conocimiento de la guerra, que le permite desplazarse como el pez en el agua, siempre con la ayuda de las masas campesinas que pone en entredicho también la recurrente perorata de su total aislamiento.

El Plan Patriota, en el marco de un Gobierno represivo y totalitario, sólo ha servido para perseguir a los dirigentes y militantes de organizaciones populares, encarcelados, sobre todo en zonas de conflicto, por supuesta colaboración o simpatía con la guerrilla. Es una forma de penalizar la lucha social y de izquierda. La cacería de brujas es grotesca. Se conocen providencias de fiscales que dictan medidas de aseguramiento con base en la prueba de que el acusado es militante del Partido Comunista o inclusive del Polo Democrático Alternativo. Uribe Vélez en la campaña reeleccionista atacó a Carlos Gaviria Díaz, candidato de la izquierda, con el argumento de ser un comunista disfrazado, como si la militancia en este partido fuera un delito.

El Gobierno Nacional, en particular el presidente Álvaro Uribe Vélez, se ha empecinado en negar que en Colombia existe un conflicto interno. Para él lo que existe es una "agresión de los terroristas contra la sociedad", siendo el Estado también una víctima de los subversivos.

Esta negativa no es un asunto formal o superficial como algunos opinan con el argumento de que lo mismo da que se llame conflicto o no, porque de todas maneras la situación del país es difícil y caracterizada por el rigor de la violencia. Sin embargo, es un problema de fondo. Negar el conflicto para el Gobierno implica no aceptar la idea de la solución política y de los diálogos de paz, sino apenas una "negociación" sobre la base de la rendición de las fuerzas irregulares. Igualmente, al no reconocer el conflicto el Estado colombiano no tiene la necesidad de aplicar el Derecho Internacional Humanitario ni las recomendaciones de Naciones Unidas en derechos humanos. Al no haber conflicto no existe para la Casa de Nariño la tragedia humanitaria como lo reconocen la ONU, la Unión Europea y el Comité Internacional de la Cruz Roja (CICR).

Pero, sin duda, el problema de mayor trascendencia al negar la existencia del conflicto, es que el Gobierno ignora la obligada diferencia entre combatientes y no combatientes. Con el discurso antiterrorista, el presidente Uribe Vélez pretende alinear a todo el mundo en torno a la política del Estado, igual con las acciones y operativos militares, como a su política social y económica. De lo contrario, quien no asuma "esa obligación" es tildado de terrorista y tiene el mismo tratamiento que reciben los grupos armados. Es la lógica uribista mediante la cual descalificó y atacó a las ONG que lo criticaron en las dos versiones del *Embrujo autoritario*[14] o a las que critican la violación de los derechos humanos y la penalización de la lucha social.

Sin embargo, es paradójico que en el discurso de posesión del siete de agosto de 2002 (primer gobierno de Uribe Vélez), el Presidente planteó los diálogos de paz tanto con las FARC y el ELN, en un tácito reconocimiento del conflicto y del carácter político de la insurgencia. Para el caso del ELN determinó que los contactos se hicieran en Cuba y luego le dio la responsabilidad de facilitación al gobierno de México; y para las FARC, convocó a las Naciones Unidas, en especial al Secretario General, para que contribuyera en acercamientos y actos de buena voluntad. Negando en la práctica el papel de los convocados, Uribe Vélez insistió después en los actos unilaterales, en el cese de hostilidades de la insurgencia y en la desmovilización a cambio de nada. Como la

ONU no aceptó esa absurda modalidad, el gobierno colombiano presionó el cambio del asesor especial que determinó el retiro de la ONU de la labor de buenos oficios. Con el ELN, sin la facilitación de México, inició un proceso de aproximación en La Habana (Cuba), que a la postre le sirvió fue de oxígeno en la campaña electoral reeleccionista.

La vitrina de exhibir del gobierno de Uribe Vélez es el desprestigiado proceso con los paramilitares, que pasa por una aguda crisis, después de conocido el fallo de la Corte Constitucional sobre la "ley de justicia y paz" y que se hicieran evidentes las intenciones de asegurarlo a como dé lugar por la parte gubernamental, inclusive aceptando la "desmovilización" de reconocidos paramilitares. Los alcances del proceso paramilitar están determinados por la impunidad de sus crímenes y la legalización de esos aparatos de muerte que fueron creados por la clase dominante con el irrestricto apoyo del Estado, de ganaderos, latifundistas, empresarios y caciques regionales de los partidos tradicionales. Los crímenes y las masacres de los paramilitares, por cierto los peores en esta larga historia del conflicto y expresión de la degradación de la conducta del Estado en el mismo, quedarán, seguramente, en la más completa impunidad.

En estas condiciones, es muy difícil prever que se puedan adelantar procesos de paz durante este Gobierno y ni siquiera un acuerdo humanitario que permita la libertad de los retenidos por razones del conflicto, tanto combatientes y civiles. No demuestra el gobierno de Uribe Vélez voluntad política y cada vez que por la vía de los facilitadores se da un paso en esa dirección, contribuyendo a crear una atmósfera favorable a la negociación, el Gobierno Nacional interpone todo tipo de obstáculos e inconvenientes.

En la práctica, la "seguridad democrática" y el Plan Patriota sólo han servido para militarizar el país y determinar un estado de guerra pero para perseguir a los luchadores populares, sindicales y sociales. Varios de ellos amenazados, desplazados o en las cárceles acusados de terroristas. La "seguridad democrática" multiplicó los casos de violación de los derechos humanos, de desplazamiento forzado y de guerra sucia contra las organizaciones del pueblo. Esta es la pura realidad, que ha colocado al gobierno de Uribe Vélez en el ojo del huracán de la comunidad internacional que no tolera regímenes represivos y dictatoriales.

Comenzando el segundo período presidencial, el siete de agosto de 2006, se especula, inclusive desde antes, de un viraje en la política de "seguridad democrática" gubernamental. El optimismo arrancó después de la elección de Uribe Vélez para el segundo mandato, cuando en lacónica declaración del Alto Comisionado de Paz, se expresó la disposición del Gobierno de buscar una aproximación con las FARC, bien para el intercambio humanitario o para diálogos de paz o para las dos cosas. Posteriormente, el Secretariado de las FARC-EP, que había anunciado que con Uribe Vélez no habría posibilidad de diálogo ni de intercambio humanitario o canje como lo califica la guerrilla, emitió un comunicado expresando su disposición de dialogar si se contemplaban sus exigencias en materia de seguridad y protección para sus voceros. Básicamente, el despeje de dos municipios para el intercambio humanitario y de dos departamentos para diálogos de paz.

Los dos pronunciamientos fueron bien recibidos, en medio de un mejor clima y de la moderación del lenguaje de la parte oficial para designar a los guerrilleros. Sin embargo, son apenas meras manifestaciones públicas y de suyo no implican ningún avance concreto, porque se está lejos, aun, de un encuentro entre las dos partes. Si el Gobierno Nacional tuviera interés y voluntad política no debería dudar en retirar la fuerza Pública de los municipios de Pradera y Florida, en el departamento del Valle del Cauca, al occidente del país, para la negociación del intercambio humanitario. El éxito de un acuerdo en este sentido no supone de antemano la apertura de una Mesa de Diálogo de Paz, pues son dos momentos distintos y específicos, pero podría desencadenar propósitos de mayor alcance.

Con todo, y sin poder decir que hay un viraje en la política del Gobierno, el presidente Uribe Vélez ha percibido el fracaso del Plan Patriota, así no lo reconozca, la terrible situación en materia social porque la mayor parte del dinero tiene la destinación al presupuesto de guerra y la presión nacional e internacional. Si hace cuatro años el ambiente era más favorable a la guerra y la ofensiva la tenía la ultraderecha, en este momento los vientos que corren son de paz y favorecen a las corrientes democráticas. Sin embargo, la posición de Uribe Vélez es vacilante, pues el temor que revela es que un proceso de diálogo en cualquier dirección puede afectar su política de "seguridad democrática", cuyas bases son la guerra y la represión contra el pueblo.

De otra parte, las críticas en Estados Unidos al Plan Colombia lo debilitan, con el agregado que el interés fundamental de George W. Bush no está en América Latina sino en el Medio Oriente, donde adelanta el grueso de su "estrategia contra el terrorismo". En suma, este aspecto, sumado a lo anteriores, pero sobre todo la acción de las masas en Colombina, motivadas también en la crisis social, pueden imponer un rumbo distinto en la situación colombiana favorable a una negociación, el cual puede tener efectos tan importantes como producir una crisis profunda en las alturas del poder uribista.

Colombia no está en la misma situación de antes. A la fuerza insurgente se agrega la irrupción de la unidad de la izquierda, ahora representada en el Polo Democrático Alternativo que significa una conquista de las masas populares.

La conformación del Polo Democrático Alternativo (PDA), integrado por diversas fuerzas de izquierda, en el cual participa el Partido Comunista Colombiano como integrante del Frente Social y Político y de Alternativa Democrática, es un importante logro de la democracia.

El PDA surgió después de nueve meses de contactos y debates entre el Polo Democrático Independiente y Alternativa Democrática, como un partido de la izquierda, aunque sin la exigencia de la disolución de los distintos partidos y movimientos que lo integran. Es una fuerza de convergencia, con pretensiones más allá de las elecciones, pues marcha ahora en la preparación del Congreso de Unidad al fin de este año. En las elecciones la base de la unidad fue la presentación de listas únicas en la circunscripción nacional de Senado y en las departamentales de Cámara de Representantes y de un sólo candidato a la Presidencia, designación que recayó en Carlos Gaviria Díaz, ex magistrado de la Corte Constitucional y ex senador de la República, quien obtuvo la segunda votación con más de dos millones y medio de votos. Como elemento de identidad ideológica fue adoptado el ideario programático, que resume los puntos de consenso entre las distintas organizaciones del Polo.

Como era previsible, una empresa de esta magnitud, de tanta importancia en Colombia donde la izquierda siempre ha actuado dispersa y enfrentada entre ella, no ha tenido un desarrollo tranquilo. La construcción del PDA es dinámica, en medio de debate y de la confrontación ideológica para decantar el propósito común. Es más: deseable que sea así.

Izquierda es la democracia, el cambio social, la defensa de la soberanía y la justicia social, entre otros asuntos, muy diferentes a la economía de libre mercado neoliberal, que elimina el papel del Estado, instrumento público para el nuevo orden político, económico y social y que reivindica la plena soberanía nacional. Todo lo contrario a la esencia del régimen colombiano, heredado del Frente Nacional, autoritario y bajo la orientación del modelo neoliberal. Izquierda es la solución política y la búsqueda de la paz con democracia y justicia social.

En este sentido, el PDA debe tener un carácter de izquierda

sin vacilaciones. La apertura hacia sectores democráticos y progresistas, inclusive de centro, es necesaria, pero para atraerlos al proyecto sin concesiones ni debilidades. La izquierda tiene su propio ideario y hasta dirigentes experimentados que deben estar en las posiciones de vanguardia. El espíritu de unidad no puede incluir la idea de que deben ser otros más aceptables al régimen los que dirijan. El PDA debe hacer la ruptura con el *statu quo*, porque el objetivo es gobernar a Colombia. Es la renovación del sistema y de los viejos liderazgos.

Este es el centro del debate, porque en el Polo hay quienes creen que la izquierda es viable en la medida que tienda puentes hacia la derecha, sin marcar la diferencia. Y con el cuento de la "izquierda moderada" pretenden parir un Partido reformista, socialdemócrata y más cercano a la derecha que a la izquierda revolucionaria. El Polo Democrático Alternativo debe estar comprometido con la solución política del conflicto y con el cambio de signo positivo de la sociedad colombiana, condición *si ne qua non* para la paz estable y duradera.

9. El segundo período presidencial de Álvaro Uribe Vélez

Terminado el libro, cuando apenas comenzaba el segundo mandato presidencial de Álvaro Uribe Vélez, se precipitaron acontecimientos favorables al acuerdo humanitario y a eventuales negociaciones de paz, en medio de contradicciones al interior del Gobierno Nacional. El presidente se ha mostrado proclive al despeje de los municipios de Pradera y Florida, al occidente del país, en el departamento del Valle del Cauca, aunque en medio de tropiezos y obstáculos interpuestos por sectores de su Gobierno y los altos mandos militares. Uribe Vélez unió hace cuatro años a su Gobierno en la línea de guerra y del Plan Patriota, bajo la égida de la "seguridad democrática", pero ahora no logra hacerlo en la perspectiva del intercambio humanitario y de la paz.

En contraste, las FARC se fueron de largo, porque en la carta del Secretariado a los representantes de los tres poderes públicos[1], propusieron una vez concretado el canje, avanzar en los diálogos de paz, bajo ciertas condiciones, empezando por un cese de fuegos bilateral. Son nuevos elementos del proceso político, que conducen a creer que hay un viraje importante en la política del Gobierno. No obstante, el presidente Uribe Vélez dice una y otra vez que tiene el temor que el acuerdo humanitario y los diálogos de paz afecten los "logros de la seguridad democrática", entendida esta como un proyecto belicista y guerrerista de estricto componente militar para derrotar a la guerrilla. Objetivo fracasado en los primeros cuatro años del gobierno uribista.

En este sentido, es pertinente hacer algunas reflexiones sobre el significado del segundo período presidencial de Uribe Vélez y los nuevos elementos de la situación política, que quizás permiten caracterizar la actual etapa del proceso político como la de un nuevo momento de la crisis colombiana.

Los resultados electorales del 28 de mayo pasado, altamente favorables al candidato de la reelección, Álvaro Uribe Vélez, desató un frenesí triunfalista en las toldas uribistas. Algunos de sus voceros, de esos que le hablan al oído al primer mandatario, pregonaron que los siete millones y medio de votos significaban una especie de carta blanca, para hacer y deshacer en el país. La aplanadora uribista, incluyendo la mayoría absoluta en el Congreso de la República, se puso en marcha para copar todos los principales cargos del Estado, con mayor razón los organismos de control.

Desde luego que la victoria de Uribe Vélez fue apabullante. Antes de la elección existía la sensación que al menos habría la segunda vuelta. Pero el candidato Presidente despachó de una sola vez el asunto. El triunfo fue contundente, no fue cualquier cosa el logro de siete millones y medio de votos, más que los que obtuvo cuatro años antes en la primera elección. El frenesí uribista fue atenuado, sin embargo, por el extraordinario avance de la izquierda, representada en la alta votación del maestro Carlos Gaviria Díaz, candidato del Polo Democrático Alternativo. Nunca una coalición progresista y de izquierda había logrado un resultado tan importante, disparada en las semanas previas a la elección, hasta el punto que algunos analistas concluyeron que si las elecciones hubieran sido tres semanas después, el vencedor sería Gaviria Díaz.

Pero el triunfalismo uribista, sin ninguna reflexión política e ideológica, soslayó el contexto de su victoria. Hizo caso omiso de hechos concretos tales como la gran abstención de casi el 60% de las personas aptas para votar, lo cual convirtió a Uribe Vélez en un presidente de minorías (fue la mayoría de la minoría); de la creciente corrupción en las alturas del poder, destapada en plena campaña electoral, eclipsada con la ayuda de los grandes medios de comunicación con el cuento del efecto teflón (ningún escándalo afecta la imagen del presidente Uribe Vélez); de la práctica clientelista y corrupta del bipartidismo que se puso al servicio de la campaña reeleccionista, al igual que la maquinaria del Estado (incluyendo la intimidación de la Fuerza Pública) y el proselitismo armado de los paramilitares, muy bien recompensados en Santa Fe de Ralito; y también de la crisis social, neutralizada con demagogia barata en la campaña y con promesas, inclusive populistas, que tanto dice detestar el mandatario.

En estas condiciones el contexto político y social de la victoria de Álvaro Uribe Vélez, para el segundo mandato presidencial, fue muy distinto al de cuatro años atrás, cuando su proyecto ultraderechista y guerrerista encontró eco en importantes sectores, después de la ruptura del proceso de paz del Caguán. Había, entonces, una frustración en la salida política y en los diálogos de paz, con evidente influencia ideológica de la publicidad uribista y de la "gran prensa". A la sazón, el candidato Uribe Vélez con menos del 10% en las encuestas, se trepó a más del 50%.

El contexto de la victoria electoral uribista en 2006, siendo apabullante y contundente, es otro por sus características, diferente al de cuatro años atrás. El proyecto guerrerista fracasó, porque el Plan Patriota, brazo del Plan Colombia y con fuerte apoyo del imperio gringo, con el objetivo declarado de derrotar a la guerrilla de las FARC en 120 días, no se cumplió. Pasados cuatro años la fuerza guerrillera está intacta, lo cual colocó de nuevo en el primer lugar del interés de los colombianos el tema de la solución política del conflicto y del intercambio humanitario, negados por

Uribe Vélez en los primeros cuatro años de su Gobierno. Si bien se recuerda, las últimas encuestas, antes de la elección, al tiempo que favorecían al candidato Presidente, le daban la prioridad a los temas de la paz y del intercambio humanitario, como también a lo social, en un país que pese a la fuerza de Uribe estaba consciente de la falta de inversión social y de la crisis en salud y educación, entre otros. Para no citar el aumento de los niveles de pobreza y del crecimiento económico a favor exclusivo de los ricos.

Algunos analistas del país y del exterior se sorprendieron de que en este contexto hubiera ganado Uribe con semejante votación. Fue la consecuencia del ventajismo gubernamental y del fraude, como también de la apatía política de lo colombianos reflejada en la abstención, no toda consciente y política. No hay duda que sigue vigente aquello que decía el padre Camilo Torres: "El que escruta elige", lo cual no proscribe la necesidad de la participación electoral de los colombianos y de arrebatarle espacios en este campo a la clase dominante, aunque deja en claro que sólo una solución política de la crisis colombiana, por la vía de la negociación con la guerrilla y de una apertura democrática con cambios fundamentales en la vida nacional, le darán valor y significado democrático a las elecciones.

Pero ¿cuál es el momento político? Se puede decir que el país entró en una nueva etapa de la crisis política. Esto es: la crisis de la política uribista. No sólo de su plan guerrerista, sino también del Plan Colombia, que tiene resistencia en importantes e influyentes círculos de Washington; así como en los escándalos de corrupción, incluyendo los que agitan el interior de la Fuerza Pública. La mayoría uribista en el Congreso de la República tiene dificultades, porque Cambio Radical no está dispuesto a compartir los factores predominantes con el Partido de la U, el Partido Conservador y otros que militan en el uribismo. Uribe Vélez no ha sido capaz de organizar una sola fuerza política, coherente y que represente sus intereses a nivel nacional.

Quizás esta realidad en el segundo período presidencial llevó a Uribe Vélez a bajar el tono de su lenguaje y a lanzar aparentes mensajes de paz e intercambio humanitario, hasta el punto que algunos analistas hablan de "un viraje del segundo gobierno de Uribe Vélez". Aunque es exagerado reconocerlo así, porque en el fondo el presidente continúa creyendo en la salida bélica, se niega al despeje de Pradera y Florida para el intercambio humanitario y considera que una aproximación de diálogo con la guerrilla lesiona su política fracasada de la "seguridad democrática".

Escándalos como el "fuego amigo" en Jamundí, Valle del Cauca; los montajes y autoatentados de la inteligencia de la XIII Brigada; la corrupción en distintas esferas del uribismo, incluyendo la elección del Consejo Superior de la Judicatura y el "caso Martí" de la Fiscalía; así como la inclusión de mafiosos y narcotraficantes en el proceso paramilitar; y la agenda legislativa que incorpora la nefasta reforma tributaria, los nuevos impuestos, la liquidación del ISS y Adpostal, la modificación de las transferencias y la amenaza de privatización de ECOPETROL, entre otras, enlodan el segundo Gobierno y al mandatario, al parecer debilitado y sin contar a su favor con el llamado efecto teflón.

Así las cosas, el viraje político de signo positivo no llegará por la iniciativa gubernamental; tendrá que ser impuesto por la fuerza popular de masas. Es el reto de la gran coalición sindical y popular, así como de la Central Unitaria de los Trabajadores, si de verdad sus directivos tienen interés en liderar las luchas populares y de resistencia en esta etapa del proceso político. El lugar de las masas populares es la calle, lejos de la concertación de clases y de la conciliación con el uribismo.

En este sentido, también es significativo el proceso de unidad de la izquierda, representado en el Polo Democrático Alternativo que marcha hacia el Congreso de noviembre de este año. El PDA debe sobrepasar el límite de la acción parlamentaria y electoral, importante por cierto, y actuar en la organización de las fuerzas democráticas en la lucha social y popular. Es lo que le da la dimensión para ser una organización política de unidad, que actúa en todos los escenarios de la acción de masas. El PDA debe reafirmar su carácter de izquierda, autónomo de los partidos tradicionales y sin el pobre objetivo de buscar componendas a como dé lugar con el tradicionalismo bipartidista para ser una opción de gobierno. El proyecto del PDA debe ser amplio y pluralista, pero a la izquierda, de ruptura con el statu quo y con el poder dominante que favorece el interés del capital, de las transnacionales y de la férula imperialista, que no sólo lo expresa el uribismo sino los que siempre han gobernado a Colombia y a la hora de la verdad, son los responsables de todas su desgracias.

Esta etapa del proceso político puede conducir a cambios en la vida nacional, a que el intercambio humanitario surja como inevitable ante la presión nacional e internacional y a que se creen las condiciones para los diálogos de paz, difíciles en un gobierno de carácter violento y autoritario como el de Uribe Vélez. Son signos de las nuevas realidades políticas, que si no se encauzan de manera normal y permitiendo su propia dinámica sin alterarla de manera violenta, pueden conducir a "estallidos sociales y populares", que pongan inclusive en peligro la gobernabilidad del mandatario, de suyo deteriorada por la corrupción y los escándalos en las alturas del poder.

Apéndice I

"Agenda común por el cambio hacia una Nueva Colombia"

1. Solución política negociada

1.1. Se buscará una solución política al grave conflicto social y armado que conduzca hacia una nueva Colombia, por medio de las transformaciones políticas, económicas y sociales que permitan consensos para la construcción de un nuevo Estado fundamentado en la justicia social, conservando la unidad nacional.

En la medida en que se avance en la negociación, se producirán hechos de paz. De ahí, el compromiso que debernos asumir todos los colombianos con la construcción de la paz, sin distinción de partidos, intereses económicos, sociales o religiosos.

2. Protección de los Derechos Humanos como responsabilidad del Estado

2.1. Derechos fundamentales.

2.2. Derechos económicos, sociales, culturales y del ambiente.

2.3. Tratados internacionales sobre Derechos Humanos.

3. Política agraria integral

3.1. Democratización del crédito, asistencia técnica. Mercadeo.

3.2. Redistribución de la tierra improductiva,

3.3. Recuperación y distribución de la tierra adquirida a través del narcotráfico y/o enriquecimiento ilícito.

3.4. Estímulos a la producción.

3.5. Ordenamiento territorial integral.

3.6. Sustitución de cultivos ilícitos y desarrollo alternativo.

4. Explotación y conservación de los recursos naturales

4.1. Recursos naturales y su distribución.

4.2. Tratados internacionales.

4.3. Protección del ambiente sobre la base de desarrollo sostenible.

5. Estructura económica y social

5.1. Revisión del modelo de desarrollo económico.

5.2. Políticas de redistribución del ingreso.

5.3. Ampliación de mercados internos y externos.

5.4. Estímulos a la producción a través de la pequeña, mediana y gran empresa privada.

5.5. Apoyo a la economía solidaria y cooperativa.

5.6. Estímulo a la inversión extranjera que beneficie a la Nación.

5.7. Participación social en la planeación.

5.8.   Inversiones en bienestar social, educación de investigación científica.

6.   Reformas a la justicia, lucha contra la corrupción y el narcotráfico

6.1.   Sistema judicial.

6.2.   Órganos de control.

6.3.   Instrumentos de lucha contra la corrupción.

6.4.   Narcotráfico.

7.   Reforma Política para la ampliación de la democracia

7.1.   Reformas a los partidos y a los movimientos políticos.

7.2.   Reformas electorales.

7.3.   Garantías a la oposición.

7.4.   Garantías para las minorías.

7.5.   Garantías de participación ciudadana.

8.   Reformas del Estado

8.1.   Reformas al Congreso.

8.2.   Reforma administrativa para lograr una mayor eficiencia de la administración pública.

8.3.   Descentralización y fortalecimiento del poder local.

8.4.   Servicios públicos.

8.5.   Sectores estratégicos.

9.   Acuerdos sobre Derecho Internacional Humanitario

9.1.   Desvinculación de los niños del conflicto armado.

9.2. Minas antipersonales.

9.3. Respeto a la población civil.

9.4. Vigencia de normas constitucionales.

10. Fuerzas Militares

10.1. Defensa de la soberanía

10.2. Protección de los derechos humanos.

10.3. Combate a los grupos de autodefensa.

10.4. Tratados Internacionales.

11.Relaciones Internacionales

11.1. Respeto a la libre autodeterminación y a la no intervención.

11.2. Integración regional Latinoamericana.

11.3. Deuda externa.

11.4. Tratados y convenios internacionales del Estado.

12. Formalización de los acuerdos

12.1. Instrumentos democráticos para legitimar los acuerdos.

Por el Gobierno Nacional:

Fabio Valencia Cossio,
Maria Emma Mejía Vélez,
Nicanor Restrepo Santamaría,
Rodolfo Espinosa Meola.

Por las FARC-EP:

Raúl Reyes,
Joaquín Gómez,
Fabián Ramírez

La Machaca, departamento del Caquetá,
mayo 6 de 1999

Apéndice II

Recomendaciones de la Comisión de Personalidades a la Mesa Nacional de Diálogo

19 de septiembre del 2001

Los suscritos comisionados, designados por la Mesa Nacional de Diálogo y Negociación para el proceso de paz en virtud del numeral 3o del Acuerdo de Los Pozos suscrito entre el señor Presidente de la República, Andrés Pastrana Arango, y el comandante de las FARC-EP, Manuel Marulanda Vélez, después de una intensa y concienzuda labor durante la cual hemos tenido oportunidad de analizar y evaluar los distintos factores que han conducido a la situación de conflicto armado que, desde hace ya varias décadas, vive la nación y cuyas implicaciones sociales son insoslayables, la incidencia que este conflicto ha tenido y sigue teniendo en la sociedad colombiana, la gravedad que reviste el fenómeno del paramilitarismo surgido dentro del marco del enfrentamiento, y plenamente conscientes del hecho notorio de que el esquema de negociación bajo la guerra que se ha venido utilizando desde la iniciación del presente proceso de paz se encuentra agotado, en cumplimiento de nuestro cometido nos permitimos, formular a la Mesa las recomendaciones que más adelante consignamos, previas algunas breves consideraciones que juzgamos necesario hacer.

La experiencia histórica, tanto en Colombia como en el mundo, demuestra que el esquema de la negociación bajo el fuego no produce resultados satisfactorios, al menos en el corto y mediano plazo, en el objetivo de lograr la paz. Porque, entre otras cosas, supone mantener la aspiración de cada una de las partes en conflicto de imponerse por la fuerza de las armas a la parte contraria, hasta derrotarla militarmente, con todo lo que ello implica en pérdida de vidas humanas, en destrucción material, en gasto económico y en ruina física y moral para millones de personas. Y creemos firmemente que en el caso colombiano, por diversas circunstancias que no es del caso entrar a detallar pero que no escapan a ningún observador desprevenido, no es dable contemplar tal posibilidad, a riesgo de agudizar aún más el conflicto y generalizarlo, con posibles graves implicaciones de carácter internacional en el orden económico, político o militar, situación ésta que ningún colombiano verdaderamente patriota y amante de la paz puede desear para su país. Así, pues, tampoco entre nosotros ese esquema de negociación tiene perspectivas claras de dar resultados positivos para el logro de la paz, que es el más grande anhelo de todos y el propósito sincero que debe animar a las partes en este proceso.

Por el contrario, lo que constatamos, con viva preocupación, es que en estos tres años que lleva de iniciado el proceso, bajo el esquema de la negociación bajo la guerra, el conflicto lejos de amainarse se ha intensificado, y el paramilitarismo no ha cesado de aumentar su accionar ilegal. Como consecuencia de ello, cada día aumentan el número de masacres y de víctimas inocentes y las violaciones más aberrantes al Derecho Internacional Humanitario (DIH).

Para nosotros es claro que el carácter de esta negociación debe ser eminentemente político y no militar. Por ello nos parece un contrasentido que los diálogos se desarrollen bajo el fuego de las armas. Y que mientras en Villa Nueva Colombia se prolongan las conversaciones entre las partes, animadas, sin duda, de la mejor buena voluntad y patriotismo, a lo largo y ancho del resto del territorio nacional se adelantan, a diario, acciones militares de todos lados, con su inevitable secuela de muertos y heridos, no sólo de las partes en conflicto sino de la población civil —principalmente rural—, ajena a éste, así como de destrucción material y por ende de pérdidas incalculables para la economía nacional. Y a ello se agrega el alarmante fenómeno del desplazamiento humano, que reviste hoy dimensiones gravísimas, hasta el punto de figurar Colombia como uno de los países del mundo con mayor número de desplazados.

Ese carácter político de los diálogos y la negociación, que por cierto ha sido reconocido explícitamente por las dos partes, conduce obviamente a que sea en un clima político y no militar —es decir de enfrentamiento armado—, como se adelanten dichas negociaciones de paz. No tenemos duda de que es aquél el marco propicio para que las negociaciones avancen y para que se obtengan resultados concretos, prácticos y efectivos, en un plazo razonable, como lo esperan todo el pueblo colombiano y la comunidad internacional.

Creemos firmemente que mantener la negociación bajo el marco de la guerra, no sólo dilatará indefinidamente el proceso, sino que hará cada vez más difícil llegar a los acuerdos con tanto anhelo esperados.

Por las anteriores razones, los comisionados, en forma unánime, en cumplimiento de la misión a nosotros encomendada por la Mesa de Diálogo y Negociación con el objeto de proponer fórmulas para disminuir la intensidad del conflicto y acabar con el fenómeno del paramilitarismo, animados del más sincero sentimiento patriótico y como una contribución positiva al logro de la paz para Colombia, nos permitimos formular a la Mesa las siguientes recomendaciones:

1. Que se pacte una tregua bilateral entre el Gobierno Nacional y las FARC-EP, en principio de seis (6) meses, en las acciones armadas, término que puede ser prorrogado por acuerdo entre las partes. Dicha tregua implica que las partes, es decir el Gobierno Nacional y las FARC-EP, adquieran, por lo menos, durante este lapso, los siguientes COMPROMISOS:

A) No habrá acciones militares por parte de las Fuerzas Armadas y de Policía contra las FARC-EP en ningún lugar del territorio nacional.

B) No habrá acciones militares por parte de las FARC-EP contra las Fuerzas Armadas y de Policía en ningún lugar del territorio nacional.

C) Lo anterior no impide que las Fuerzas Armadas y de Policía continúen sus acciones, conforme a los mandatos de la Constitución y la ley, en contra de otras agrupaciones o individuos que sigan actuando de manera ilegal.

D) El Estado reitera su compromiso de respetar todas las normas universales que regulan los conflictos armados no internacionales, recopiladas en el Derecho Internacional Humanitario (Convención de Ginebra y protocolos adicionales) y las FARC-EP se comprometen igualmente a respetar dichas normas. Ambas partes se abstendrán, en particular, de la utilización de armas no convencionales, como las minas antipersonales, los cilindros de gas y bombas de aspersión, del reclutamiento y mantenimiento en filas de menores de edad, así como del asalto y toma de poblaciones.

E) Las FARC-EP no efectuarán actos de hostilidad contra

particulares, tales como retención de personas, secuestro, cobro forzado de contribuciones pecuniarias o de cualquier otra especie, atentados contra la infraestructura energética y petrolera del país o contra la infraestructura vial.

F) El Gobierno Nacional, de común acuerdo con las FARC-EP, estudiará mecanismos de financiación que permitan atender a las necesidades de subsistencia de los combatientes de la insurgencia durante el período de tregua.

G) Que, conforme al punto 10 del Acuerdo de los Pozos, el Estado se comprometa a la sustitución de cultivos ilícitos en las pequeñas parcelas mediante el procedimiento de erradicación manual, y ambas partes a la protección y recuperación del medio ambiente y la ecología.

2. Que durante el período de la tregua bilateral de paz, la Mesa Nacional de diálogo y negociación estudie, con base en la Agenda Común de doce puntos acordada por las partes en La Machaca, y llegue a acuerdos sobre las materias específicas que conformen un temario definido de proyectos de reforma constitucional, así como aquellas que deban ser posteriormente objeto de desarrollo legislativo por parte del Congreso, o de implementación por parte del Ejecutivo. Lo anterior, sin perjuicio de llegar, durante ese lapso, a acuerdos parciales de ejecución inmediata.

3. Que durante este período se intensifiquen las reuniones de la Mesa, al menos a tres días completos por semana, y que se invite a sus deliberaciones, además de las autoridades públicas, civiles o militares, pertinentes, a voceros o representantes de los diferentes estamentos o sectores de la sociedad colombiana que puedan contribuir con sus opiniones y experiencia a la determinación de los temas concretos a incluir en el temario, a fin de que se obtengan los avances esperados por la sociedad colombiana.

4. Que, con base en los acuerdos logrados por la Mesa referidos en el punto 3, se defina el temario de propuestas concretas de reforma constitucional, a ser discutido y decidido, en principio, por una Asamblea Constituyente, cuya convocatoria el Gobierno Nacional se compromete a impulsar. Esta Asamblea deberá quedar integrada por representantes de los distintos partidos y movimientos políticos y sindicales, de los sectores de la producción, de los sectores independientes de la sociedad civil y de las FARC-EP y demás grupos de la insurgencia que decidan comprometerse con este proceso. La forma de integración de esta Asamblea Constituyente, su conformación, así como su lugar de reunión, agenda, término de duración y demás aspectos relacionados con su funcionamiento y logística, serán acordados por las partes durante el período de la tregua bilateral que proponemos.

5. Que, sin perjuicio de lo anterior, la Mesa estudie la posibilidad de optar por la alternativa de convocar la Asamblea Constituyente o la de convocar, en su defecto, un referendo popular. Recomendamos que el Gobierno, de común acuerdo con la Mesa, analice, a la luz de la Constitución, de la ley y de las circunstancias políticas del país, cual de estas dos alternativas resulta más conveniente y expedita para el trámite de los proyectos de reforma constitucional que hayan sido definidos en los términos del punto 3 de este documento.

6. Que las partes se comprometan, de manera formal y solemne, a respetar y acatar las decisiones que se adopten por la Asamblea Constituyente y/o por la vía del referendo, y, en general, todas aquellas que emanen de las diferentes instancias que constitucionalmente tengan que ver en el trámite de las reformas previsto en estas recomendaciones.

7. Que una vez acordado el temario de proyectos de reforma constitucional, éstos sean sometidos a un proceso intenso de difusión y de pedagogía ante el pueblo colombiano, a fin de que éste tenga la suficiente información sobre ellos, como parte del proceso de discusión de los mismos, y, llegado el caso, antes de su refrendación en la instancia correspondiente.

8. Que, en caso de convocarla, el término de duración de la Asamblea Constituyente sea máximo de seis (6) meses, y que entre la convocatoria y la reunión de la misma no transcurran más de tres (3) meses.

9. Que se entienda el acto de convocatoria de la Asamblea Constituyente o, si es del caso, el del referendo, como la culminación del actual proceso de diálogo y negociación.

10. Que, en caso de convocarla, la mayoría de la Asamblea Constituyente sea conformada mediante la libre y democrática elección de sus miembros, sin perjuicio de que se adopten otros procedimientos especiales para la escogencia de quienes han de representar en ella a la insurgencia.

11. Que durante el período de tregua bilateral y, en general, durante el lapso de este proceso democrático de reforma constitucional, se mantenga la zona de distensión.

12. Que, en el entendido de que la convocatoria a la Asamblea Constituyente, o al referendo si se opta por esta vía, significan — como se señala en el punto 9 de este documento— la culminación del proceso de diálogo y negociación, una vez acordada aquella e iniciado el proceso para su conformación, las FARC-EP depongan las armas.

13. Que, en este mismo sentido, una vez se pacte la paz, la Fuerza Pública se ajustará a los parámetros acordados en el ordenamiento constitucional que se establezca en orden al cumplimiento de su finalidad primordial, cual es, en términos del artículo 217 de la Carta Política vigente, "la defensa de la soberanía, la independencia, la integridad del territorio y del orden constitucional".

14. Que, de común acuerdo, la Mesa determine el mecanismo que permita garantizar el cabal cumplimiento de los compromisos adquiridos por las partes para el período de tregua y, en general, para todo el proceso de solución política al conflicto que se propone en estas recomendaciones, y para que aquellos sean verificables. Sugerimos, por ejemplo, que se designe entre los países amigos del proceso a representantes de alta investidura que, en calidad de observadores, sirvan como garantes, ante la comunidad nacional e internacional, del cumplimiento de estos compromisos; entre tales observadores podría figurar, por ejemplo, un representante de las Naciones Unidas. Lo anterior no excluye que la Mesa acuerde que los garantes, o algunos de ellos, sean también personalidades nacionales dignas de toda credibilidad.

15. Que si al vencimiento del período de seis meses de tregua no se han logrado concretar los acuerdos de que tratan los numerales anteriores, las partes lo prorroguen por el término que consideren prudente para tal efecto.

16. Que se invite al Ejército de Liberación Nacional ELN a hacer parte de este proceso y a aceptar la tregua de paz que estamos proponiendo a la Mesa de Negociación y Diálogo, con las mismas garantías y compromisos aquí señalados.

17. Que el movimiento político que formalicen las FARC-EP como consecuencia lógica de este proceso, goce de todas las garantías y derechos y asuma todas las responsabilidades que ello implica.

18. Que en caso de peligro de romperse la tregua por incumplimiento de los compromisos señalados en el punto 1° de esta propuesta por cualquiera de las partes, de inmediato se reúna la Mesa de Diálogo y Negociación, en presencia de los garantes nacionales y/o internacionales y de los altos funcionarios del Estado que se considere pertinente invitar, a fin de buscarle una pronta solución al asunto.

19. Respecto del fenómeno del paramilitarismo nos permitimos formular las siguientes recomendaciones

A) Que durante todo este proceso el Gobierno nacional, a través de la Fuerza Pública y los organismos de seguridad, continúe adelantando las acciones encaminadas a combatir el paramilitarismo en sus diversas modalidades.

B) Que sin perjuicio de ello, con arreglo a las leyes pertinentes, el Gobierno adelante gestiones tendientes al sometimiento a la justicia de quienes se hayan implicado en actividades paramilitares.

C) Que se implementen por las partes las recomendaciones que sobre el conflicto colombiano y sobre este tema en particular han formulado las Naciones Unidas —presentadas en la 57 Comisión de DD.HH.— y la Organización de Estados Americanos (OEA).

D) Que se designe una instancia gubernamental que se encargue de coordinar las acciones contra el paramilitarismo, sin perjuicio de las que correspondan a otras entidades públicas.

E) Que, de conformidad con la jurisprudencia de la Corte Constitucional, se someta a la justicia ordinaria a cualquier persona, civil o militar, que resulte implicada en actos de colaboración, complicidad y, si es del caso, omisión frente a los crímenes del paramilitarismo.

F) Que se continúe, al interior de las Fuerzas Armadas y de Policía el proceso de desvinculación de todos aquellos individuos que hayan resultado comprometidos en actividades de tipo paramilitar o sobre los cuales haya serios indicios de estarlo, sin perjuicio de que contra ellos se adelanten los procesos judiciales y disciplinarios correspondientes, con el propósito de evitar que tales conductas queden en la impunidad.

G) Que se apoye desde todas las instancias del Estado la acción de la Unidad de Derechos Humanos de la Fiscalía General de la Nación para que capture y judicialice a los promotores y partícipes de grupos paramilitares y demás grupos de justicia privada.

H) Que se recopilen en un solo cuerpo todas las leyes y demás normas jurídicas vigentes que tengan relación con el tema del paramilitarismo.

I) Que se fortalezcan los programas de protección y seguridad de los activistas de derechos humanos, dirigentes de partidos y movimientos políticos, jueces, organizaciones sindicales, agrarias, juveniles y populares, periodistas y demás potenciales objetivos del accionar del paramilitarismo y de otros grupos de justicia privada.

J) Que, con la cooperación internacional, se fortalezcan los controles tendientes a impedir, por todos los medios, el ingreso a Colombia de cualquier tipo de agentes extranjeros que, a cualquier título, actúen como promotores, asesores, adiestradores o entrenadores de grupos paramilitares o de cualquiera otra clase de grupos de justicia privada.

K) Que se organice un gran encuentro nacional en el cual se debata a la luz pública el fenómeno del paramilitarismo, con amplia participación de voceros de los distintos partidos y movimientos políticos, gremios de la producción, sectores sociales y populares, la Iglesia, las ONG y ciudadanos que de una manera u otra se hayan visto afectados por ese fenómeno.

L) Creemos, por lo demás, que si son consecuentes con su reiterada afirmación de que su accionar ilícito es una respuesta al de los grupos insurgentes, en particular al de las FARC-EP, ante la tregua pactada los grupos paramilitares habrán de abstenerse de perpetrar actos criminales, al menos mientras ella se mantenga. Y que si, como lo esperamos todos los colombianos de buena voluntad, se logra la tan anhelada paz, por la vía del entendimiento y la negociación política y por mecanismos como los que estamos recomendando, el fenómeno del paramilitarismo tendrá necesariamente que desaparecer en forma definitiva de nuestra patria.

20. Que el Estado, como política de largo alcance y con la decidida cooperación de la comunidad internacional, redoble sus esfuerzos en la lucha contra el flagelo del narcotráfico, que, aparte del inconmensurable daño que ha venido ocasionando a Colombia y, en general, a la humanidad, del grave deterioro causado al tejido social y el daño irreparable infligido al medio ambiente y a nuestro ecosistema, en lo que bien puede calificarse como un verdadero ecocidio, ha contribuido de manera insoslayable a agudizar la violencia, la corrupción, la delincuencia común y también nuestro conflicto interno. En este orden de ideas, es necesario que la comunidad internacional, particularmente los países más desarrollados, asuman frente a Colombia y demás países productores y exportadores de drogas psicotrópicas, el compromiso de combatir y sancionar, a su turno, a quienes incentivan esa producción, a través del suministro de insumos químicos y otros elementos, al igual que a los importadores y distribuidores de droga y demás empresarios del narcotráfico en sus respectivos países, y a las organizaciones internacionales de lavado de dólares, así como de intensificar, por todos los medios, las campanas educativas de prevención contra el consumo de drogas entre los diversos estratos sociales.

21. Que, de acuerdo con el numeral anterior, se solicite a la comunidad internacional, particularmente los países más desarrollados, se comprometan a apoyar los programas o proyectos integrales de sustitución de cultivos ilícitos y de erradicación de los mismos, a través de medios o sistemas que no conlleven daño ecológico ni peligro letal para la salud humana.

22. Que el cumplimiento de las etapas previstas en estas recomendaciones, a saber la tregua de paz de seis meses y su eventual prórroga, la reunión de la Asamblea Nacional Constituyente y la eventual refrendación popular de las reformas constitucionales, no implique interrupción o suspensión del proceso electoral a celebrarse, en los términos de la actual Constitución, el próximo ano, y que las FARC-EP se comprometan a no interferirlo con acciones de fuerza de ningún tipo.

23. Que, como se puede constatar con alarma, este conflicto se ha degradado hasta llevarlo por debajo de los límites mínimos de humanidad, incurriendo en insospechados actos de crueldad, el Estado se comprometa a seguir respetando y las FARC-EP lo hagan de igual manera ante la Nación y ante la comunidad internacional, los principios mínimos humanitarios, y a que éstos no se queden en mera retórica. Este compromiso implica, entre otras cosas, redoblar esfuerzos para que no haya en adelante, ni dentro ni fuera del período de tregua, más desapariciones forzosas ni privaciones ilegales de la libertad de personas, sean ellas civiles, combatientes o militares, ni se causen más desplazamientos de población civil de sus lugares de residencia y trabajo por causa de la intimidación y la violencia.

24. Que el Gobierno Nacional, con el apoyo financiero de la comunidad internacional y con el concurso de todos los estamentos académicos y educativos, inicie desde ahora mismo una intensiva campana pedagógica para que los colombianos de todos los estratos y condición aprendan a convivir en paz, tolerancia y respeto por los derechos de todos, y se rescaten las virtudes que, como la honestidad, el amor al trabajo y al estudio, se han venido perdiendo a lo largo de los últimos tiempos, en vastos sectores de nuestra población y en los diferentes estratos sociales.

25. Que, en desarrollo de lo establecido en el artículo 22 de la Constitución Nacional, la paz se considere en adelante como una política de Estado, tendiente a darle continuidad y solidez a la estabilidad que aspiramos a lograr con este proceso, entendiendo la paz no simplemente como el silencio de los fusiles, sino como la solución no armada de los conflictos internos y la búsqueda e implementación de la justicia social y la tolerancia entre los colombianos.

26. Que a fin de aclimatar la tregua y el proceso de paz, el Estado se comprometa a considerar las demandas de los sindicatos y sectores populares tendientes a la solución de sus inquietudes sobre sus difíciles condiciones de existencia, agravadas por el desempleo, la informalidad, las alzas en los servicios públicos y, en general, la miseria en que se debaten amplios sectores de la población colombiana.

27. Que las recomendaciones que aquí se formulan se consideren por la Mesa en un sentido integral, ya que sus diferentes partes están concatenadas, tienen un mismo hilo conductor, y representan, por tanto, una unidad de propuesta.

28. Que la Mesa haga públicas estas recomendaciones, a fin de auscultar también el sentir de la opinión nacional sobre las mismas, teniendo en cuenta que este proceso debe involucrar a la totalidad de la nación colombiana. Con ello se evitaría que la opinión caiga en el terreno de las distorsiones y las especulaciones, que sólo generan confusión e incertidumbre.

En la esperanza patriótica de que las anteriores recomendaciones sean acogidas por la Mesa en su propósito de conseguir una paz integral y duradera, nos suscribimos de los señores integrantes de la Mesa de Diálogo y Negociación, muy atentamente, Compatriotas y amigos,

Carlos Lozano Guillén
Vladimiro Naranjo Mesa
Alberto Pinzón Sánchez
Bogotá D.C., 19 de septiembre de 2001

Apéndice III

Carta del Secretariado de las FARC-EP a los representantes de los tres poderes públicos del Estado

"El futuro de Colombia
no puede ser la guerra civil"
— Jacobo Arenas

La paz, la solución política del conflicto, sigue siendo el más caro anhelo en el alma colectiva de los colombianos. No ha sido posible porque los de arriba no quieren ceder a sus privilegios, ni desean compartir, atrincherados en su democracia excluyente y tras las garras del águila imperial.

La Uribe, Caracas, Tlaxcala y San Vicente, fueron oportunidades perdidas porque las oligarquías en el poder, porque sólo querían la desmovilización de la insurgencia sin cambios en las estructuras.

Cinco décadas perdidas, cientos de miles de muertos, miseria, soberanía mancillada, dependencia y falsa democracia, ha sido el resultado del terco empeño de aniquilar por la vía de las armas la inconformidad del pueblo. Todas las operaciones militares, del

64 al 2006, desde el Plan LASO hasta el Patriota de los gringos, terminaron en el fracaso. Todos los presidentes desde Guillermo León Valencia hasta Álvaro Uribe se fijaron plazos breves para la derrota militar de la guerrilla, y terminaron más distantes de ese objetivo.

Si el Gobierno actual decide otorgar las plenas garantías para adelantar el canje de prisioneros de guerra, desmilitarizando por 45 días los municipios de Florida y Pradera en el Valle del Cauca, una vez liberados todos ellos, quedará al orden del día la búsqueda de acuerdos para superar el conflicto social y armado que azota al país.

Ustedes bien saben que nuestra lucha no busca privilegios personales para quienes conformamos las FARC sino el bienestar del conjunto de la sociedad y, en primer lugar, de los sectores mayoritarios de la población. Es nuestro juramento, compromiso de vida e hilo conductor de cualquier aproximación que intentemos mancomunadamente hacia la reconciliación nacional.

Por ello, le proponemos al Estado colombiano que una vez realizado el canje y frente a la imperiosa necesidad del país por encontrar la solución política del conflicto:

Desmilitarice los departamentos de Caquetá y Putumayo para iniciar conversaciones de paz; suspenda las órdenes de captura para los integrantes del Estado Mayor Central de las FARC; solicite a la comunidad internacional suspender la calificación como organización terrorista a las FARC; resuelto este problema, quedan abiertas las puertas para que los distintos países, si lo estiman conveniente, jueguen su rol como mediadores o facilitadores, etcétera; reconozca la existencia del conflicto social y armado; suspenda los operativos militares a escala nacional y regrese las tropas a sus cuarteles, divisiones, brigadas y batallones; otorgue plenas garantías para el desplazamiento de miembros del Estado Mayor Central en los dos departamentos donde se efectuarán los diálogos

Gobierno-FARC. Los encuentros Gobierno-FARC serán de cara al país.

Bajo estas condiciones las FARC, en acuerdo con el Gobierno Nacional, entrarían de inmediato a explorar caminos que conduzcan a un cese bilateral del fuego y a analizar la solución política al conflicto social y armado llevando a la mesa los siguientes materiales para su discusión:

Agenda Común del Caguán y Plataforma para un Nuevo Gobierno de Reconciliación y Reconstrucción Nacional; paramilitarismo de Estado; depuración de las fuerzas armadas ligadas al paramilitarismo; libertad inmediata para la población civil sindicada de nexos con la guerrilla; reparación económica por parte del Estado a todos los afectados por el conflicto interno; el TLC con los Estados Unidos; reforma agraria inmediata que incluya la restitución de propiedad sobre fincas y parcelas al campesinado afectado por el conflicto; retorno de los desplazados a sus áreas con plenas garantías personales, económicas, sociales y políticas por parte del Estado; reforma urbana inmediata; política de estupefacientes; tratado de extradición; Asamblea Constituyente; política energética.

Sobre estas bases, los invitamos a trabajar conjuntamente por la construcción de caminos de entendimiento.

Compatriotas,

Secretariado del Estado Mayor Central, FARC-EP
Montañas de Colombia, Octubre 1 de 2006

Notas

Presentación

1. Los cinco municipios con extensión de 42 mil kilómetros cuadrados fueron: San Vicente del Caguán (departamento de Caquetá); Uribe, Mesetas, Vista Hermosa y La Macarena (departamento de Meta). El epicentro del diálogo fue en San Vicente el Caguán.

2. En Caracas (Venezuela) y Tlaxcala (México) se adelantaron los diálogos con la Coordinadora Guerrillera Simón Bolívar (FARC, ELN y EPL), durante el gobierno de César Gaviria Trujillo, 1993, que también fueron suspendidos de forma abrupta por la parte gubernamental.

3. Lozano Guillén, Carlos: *Reportajes desde el Caguán*, Colección Izquierda Viva, abril de 2001.

Prólogo del autor

1. En 2002, después de la ruptura de las negociaciones, una investigación del semanario *Voz* reveló que todo fue un montaje de la inteligencia militar y que Arnobio Ramos, en la cárcel, fue reclutado con la misión de que "escapara" e incorporado a las FARC tratara de asesinar a uno de sus dirigentes.

2. Sobre el primer tema de las audiencias públicas se realizaron 25, con más de un millar de expositores, unos a manera individual y otros en representación de amplios sectores; veinte mil colombianos asistieron como observadores. De igual manera llegaron 2,500 propuestas relativas a los temas de la "Agenda Común por el Cambio".

3. Intervención de Jaime Caycedo en el acto central de celebración del 70 aniversario del Partido Comunista Colombiano, Bogotá, 19 de julio de 2000. Semanario *Voz*, edición 2054, del 26 de julio al 1 de agosto de 2000. "Crear movimiento de movimientos", p. 6 y 7.

4. Intervención de Jaime Caycedo en el XXII Festival de *Voz*. Semanario *Voz* 2349, semana del 5 al 11 de julio de 2006. p. 7.

5. Estrada Álvarez, Jairo (editor): "Plan Colombia, ensayos críticos". En *La Guerra contra las drogas, las relaciones Colombia-Estados Unidos*, de Arlene B. Tickner, profesora de la Universidad Nacional. Universidad Nacional de Colombia, p. 215, 2001.

Introducción

1. Liévano Aguirre, Indalecio. *Los grandes conflictos sociales y económicos de nuestra historia.* Numerosas ediciones. Con un segundo tomo más reciente e inédito hasta entonces, publicado por Intermedio Editores, con un subtítulo: De la campaña libertadora al Congreso de Panamá, 2004.

2. Valencia Villa , Hernando: *La justicia de las armas, una crítica normativa de la guerra metodológica en Colombia.* Tercer Mundo Editores, 1993, p. 25.

3. Pastrana Arango, Andrés: *La palabra bajo el fuego.* Editorial Planeta, 2005, pp. 554.

1. El origen del conflicto armado

1. Para algunos investigadores el concepto de oligarquía es superfluo y vacío. No define una categoría especifica, argumentan. Nada más absurdo, "oligarquía" más allá de la definición etimológica de ser el gobierno de pocos, pertenecientes a un misma clase social, debe entenderse como el poder de la clase dominante así llamada en el capitalismo, que se renueva o releva en el poder según el sector predominante de ésta. Para el caso colombiano actual es el capital financiero y los poderosos grupos económicos, que respaldan a los gobernantes de turno sean estos liberales o conservadores. Oligarquía, pues, es una categoría que designa a los que detentan el poder en el capitalismo.

2. La mayoría de los historiadores coinciden que en el siglo XIX hubo 23 guerras civiles, por eso no es exagerada la afirmación macondiana en Cien Años de Soledad de que el coronel Aureliano Buendía peleó en 32 guerras civiles, todas perdidas. La magia de Gabriel García Márquez se aproxima a la realidad. Es lo que se conoce como el realismo mágico.

3. Con ese nombre fue fundado en 1930. En el 15° Congreso, en 1988, a propuesta de Gilberto Vieira, adoptó el definitivo de Partido Comunista Colombiano.

4. Ver el libro *La Violencia en Colombia*, de Germán Guzmán Campos, Orlando Fals Borda y Eduardo Umaña Luna.

5. Con el desarrollo de las fuerzas productivas y los entrelazamientos políticos y económicos del poder bipartidista, el latifundio pasó a ser una manifestación del sistema dominante tradicional liberal y conservador. Inclusive, en la actualidad, aunque los gremios oligárquicos aseguran la inexistencia de latifundios, éste existe como remanente de la antigua relación social en el campo y estimulado por manifestaciones de la violencia, en particular el narcotráfico y el paramilitarismo.

6. En los últimos años asumió también la modalidad de la penalización de la lucha social.

7. El argumento de la violencia como constante de la vida colombiana ciertamente conmueve por su simplismo ", dice con certeza el investigador social Darío Fajardo (Ver "La violencia 1946-1964. Su desarrollo y su impacto", *Once Ensayos sobre la Violencia*. Ediciones Centro Gaitán y Fondo Editorial Cerec, p. 265), aunque no desvirtúa el hecho cierro del carácter violento del Estado dominante en Colombia.

8. *El Tiempo*, domingo 14 de 1999, p. 8A.

9. Semanario *Voz*, edición 2353, agosto 2 de 2006, Mirador, p. 7.

10. Pécaut, Daniel: *Orden y Violencia: Colombia 1930-1954*. Vol. II, p. 571.

11. Vargas, Alejo: *Las Fuerzas Armadas en el conflicto colombiano. Antecedentes y perspectivas*. Intermedio Editores. 2006, p. 232.

12. Documentos del XV Congreso del Partido Comunista Colombiano. *¡Por un Gobierno de Convergencia por la paz y la Democracia! Propuesta de paz.* Editorial Colombia Nueva Ltda. 1989,p. 81.

13. *Unidad por un Gobierno Democrático*. Conclusiones del XIX Congreso del Partido Comunista Colombiano, Ediciones Izquierda Viva, p. 25.

2. ¿Cómo hacer la paz?

1. Rangel Alfredo: *El Tiempo*, domingo 3 de mayo de 1998, p. 6.
2. Rangel, Alfredo: *Guerra insurgente*. Intermedio Editores 2001, p. 353.
3. Vargas, Alejo. *Op. Cit.*, p. 225.
4. Rangel Alfredo: *Colombia: Guerra en el fin del siglo*. Tercer Mundo Editores-Universidad de los Andes, 1998.
5. Rangel, Alfredo (Compilador): *Sostenibilidad de la seguridad democrática*. Fundación Seguridad y Democracia, 2005, p. 66.
6. "Las ocho respuestas Secretas por la Derrota del Caguán". *El Tiempo*, marzo 24 de 1998. Citado en: *Fuerzas Militres para la guerra, un análisis de la Fundación Seguridad & Democracia*, 2003.
7. *Hablan los Generales. Las grandes batallas del conflicto colombiano contadas por sus protagonistas*. "Operación Marquetalia: surgen las FARC", por el general Manuel José Bonnet Locarno, Grupo Editorial Norma, 2006.
8. Pastrana, Andrés (Con la colaboración de Camilo Gómez): *La palabra bajo el fuego*, Editorial Planeta, 2005, p. 526.
9. Bejarano Jesús Antonio. *Una agenda para la Paz*. Tercer Mundo Editores, 1995, p. 133 y 134.
10. Bejarano Jesús Antonio. *Op. Cit.*, p. 139.
11. Lozano Guillén, Carlos A. *Las huellas de la esperanza. La Paz como política de Estado*. Ideas y Soluciones Gráficas, 1997, p. 233 y 234.
12. Se refiere a los procesos de paz, así llamados, con el M-19, el EPL, Quintín Lame, PRT y Corriente de Renovación Socialista.
13. Rangel, Alfredo (Compilador), *Op. Cit.*, p. 56.
14. *El Espectador*, Semana Económica, domingo 21 de marzo de 1999; p. 3B
15. Atinó el informe del Departamento Nacional de Planeación, pues en 2005 el gasto de defensa (¿guerra?) sobrepasó el 5% del PIB.
16. Ver declaraciones del nuevo comandante de las Fuerzas Militares, general Fredy Padilla de León, *El Tiempo*, domingo 20 de agosto de 2006.
17. Ver Departamento Nacional de Planeación: *La Paz: el desafío para el desarrollo*. ONP y Tercer Mundo Editores, 1998.
18. Departamento Nacional de Planeación: *La Paz: el desafío para el desarrollo*. Tercer Mundo Editores-DNP, 1998, p. 157.

19. Departamento Nacional de Planeación. *Op. Cit.*, p. 154

20. La globalización e interdependencia características del sistema internacional actual ha traído como consecuencia la disminución del poder del Estado, dice el DNP.

21. Estrada, Jairo (compilador) *Op. Cit.* En: Marco Alberto Romero: *La nueva internacionalización del conflicto y los procesos de paz*, p. 253.

22. Citado por Carlos A. Lozano Guillén en *Medios, sociedad y conflicto*, p. 87, abril de 2005.

23. Hablan los generales. *Op. Cit.* En: *Operación Libertad Uno, la seguridad democrática en acción*, p. 314.

24. Designada por la Mesa de Diálogo del Caguán en junio de 2001, por decisión del presidente Andrés Pastrana y el comandante Manuel Marulanda Vélez en el Acuerdo de los Pozos. Estuvo integrada por Vladimiro Naranjo, ex magistrado de la Corte Constitucional; Alberto Pinzón, médico psiquiatra; Ana Mercedes Gómez Martínez, directora del diario conservador *El Colombiano*; y Carlos A. Lozano Guillén, director de *Voz* y dirigente comunista. La Directora de *El Colombiano* renunció antes de que se presentara el informe.

3. La paz como objetivo revolucionario

1. Partido Comunista Colombiano: *Caminos de Unidad*. Documentos del XVII Congreso. Resolución Política, 1998, p. 39.

2. Bejarano Jesús Antonio. *Op. Cit.*, p. 138.

3. Latin American Security Operation.

4. Fue elaborado por el Pentágono de los Estados Unidos en el marco del concepto de la doctrina de seguridad nacional de clara estirpe anticomunista. Arturo Alape en: *El Diario de un Guerrillero* (p. 15), cuya primera edición apareció en París, en 1968, y en Colombia, en 1970, afirma que en la época, en Estados Unidos, se dio a conocer el "Manual para Colombia, área escogida por el Ejercito Norteamericano como campo de experimentación de la guerra irregular".

5. Durante el cuatrienio de César Gaviria Trujillo (1990–1994), después de los fallidos diálogos de Caracas y Tlaxcala, en ambos casos comenzados

a iniciativa de la Coordinadora Guerrillera "Simón Bolívar", abortados porque el gobierno se levantó de la mesa bajo presiones de la derecha colombiana y so pretexto de las acciones de la guerrilla, el ministro de Defensa Nacional Rafael Pardo Rueda, planteó el concepto de "guerra integral" como "estrategia para ganar la paz" y aseguro que en 120 días la guerrilla sería derrotada. Es casi innecesario decir que esos propósitos guerreristas se desvanecieron en el aire y sólo agudizaron la confrontación para mal del destino de Colombia.

6. El gobierno de Ernesto Samper Pizano (1994–1998), arrinconado por el escándalo de los dineros del narcotráfico en la financiación de la campaña presidencial, prefirió el camino de la guerra al de una solución democrática de la crisis política. En cuatro ocasiones le declaró la guerra a la insurgencia; y el comandante del Ejército primero y de los Fuerzas Militares después, general Harold Bedoya Pizarro, le aseguró al país que "la subversión sería aplastada". Los resultados: violación de los derechos humanos se multiplicó casi por tres y el paramilitarismo extendió sus tentáculos criminales a distintos puntos de la geografía nacional.

7. Algunos politólogos y analistas del tema de la paz dicen con optimismo que Uribe Vélez hará un viraje en el segundo Gobierno (2006–2010), ante el fracaso del Plan Patriota. Sin embargo, no se detecta bien en qué consiste el viraje, porque no tiene propuestas concretas al respecto, aunque si es real el fracaso del Plan Patriota y la presión nacional e internacional.

8. Lozano Guillén, Carlos A: *El Marxismo, ideología en construcción. Dos entrevistas con la periodista Lilia Martelo*. Ideas y Soluciones Gráficas, febrero de 2004, p. 38 y 39.

4. La solución política

1. Ver Resolución Política del XIII Congreso del Partido Comunista Colombiano, 1980.

2. Propuesta de Paz del XV Congreso del Partido Comunista Colombiano, en 1988, presentada a la plenaria por José Antequera, un año después asesinado por el militarismo. Fue aprobada por unanimidad.

3. Documentos del XVI Congreso del Partido Comunista Colombiano. Abrir el Camino a la democracia y la Paz. Propuesta Política. Editorial Colombia Nueva Ltda. 1991, p. 44.

4. Citado por Jesús Antonio Bejarano: *Una Agenda para la Paz*, p. 26.

5. Documentos XVI Congreso del PCC. *Op. Cit.*, p. 43.

6. Conclusiones del XIX Congreso del Partido Comunista Colombiano. Unidad por un Gobierno de Democrático, junio 3 al 6 de 2005, p. 43.

7. Bejarano Jesús Antonio. *Op. Cit.*, p. 27 y 28.

8. Bejarano Jesús Antonio, *Op. Cit.*, p. 25 y 26.

9. Flamante Ministro del Interior y de Justicia en el gobierno de Álvaro Uribe Vélez y promotor de la "ley de justicia y paz", conocida como de impunidad para favorecer a los paramilitares.

10. Jorge Visbal Martelo durante el gobierno de Uribe Vélez fue Embajador en Canadá y es reconocido enemigo de los diálogos de paz con la guerrilla y de ferviente simpatía del proceso con los paramilitares.

11. Se refiere a la ley 002 de la guerrilla, que obliga a los capitalistas (empresarios con patrimonio superior al millón de dólares) a pagar un impuesto de guerra a las FARC-EP.

12. Semanario *Voz*: "Pastrana acabó con el proceso en un momentico". Entrevista al comandante Manuel Marulanda. Edición 2121, del 21 al 27 de noviembre de 2001, p. 10.

5. El paramilitarismo: criatura del estado

1. El presidente Belisario Betancur se vio precisado a pedir la renuncia al entonces ministro de Defensa, general Fernando Landazábal Reyes, por su abierta oposición y saboteo a los acuerdos de La Uribe y a los procesos de paz con los insurgentes.

2. Del Olmo, Rosa: *Drogas y Conflicto de Baja Intensidad*. Ediciones Forum Pacis, Bogotá, 1994, p. 56.

3. En agosto de 1998, el Comandante General del Ejército, general Mario Hugo Galán, planteó a la Fiscalía General de la Nación un conflicto positivo de competencia sobre el caso del general Fernando Millán Pérez

citado a indagatoria por un fiscal dentro del sumario abierto para investigar la organización de un grupo paramilitar en el departamento de Santander. En noviembre del mismo año, el consejo Superior de la judicatura conflicto dirimió el caso de Millán Pérez a la justicia penal militar (Nota 6 del informe de la alta Comisionada de Naciones Unidas para los Derechos Humanos sobre la oficina en Colombia, al 55° periodo de sesiones de la comisión de derechos Humanos. p. 41). El general Millán fue retirado del servicio abruptamente por el presidente Andrés Pastrana, en marzo de 1999, en media de críticas de sectores de la oligarquía de analistas de la derecha y de la " gran prensa".

4. Informe de 1ª Alta Comisionada de las Naciones Unidas para los Derechos Humanos, Mary Robinson, sobre la Oficina en Colombia, al 55° período de sesiones de la Comisión de Derechos Humanos, en Ginebra, Suiza, marzo 16 de 1999. Versión en español, p. 17.

5. Medina Gallego Carlos y Mireya Téllez Ardila: *La violencia parainstilucional, paramilitar y parapolicial en Colombia*. Rodríguez Quito Editores, 1994, p. 74.

6. Medina Gallego Carlos y Mireya Téllez Ardila. *Op. Cit.*, p. 79.

7. En la investigación de Carlos Medina y Mireya Téllez, se afirma, con mucha razón, que "entre 1951–1952 los 'pájaros' comenzaron a formar bandas que operaban con el apoyo no solo del Partido Conservador sino además, de las administraciones y la policía". Es lo que les da el carácter de agentes estatales. Aseguran los dos mencionados investigadores, que en los "pájaros" converge tanto el "sicario partidista" como el "sicario político" del Establecimiento.

8. El decreto de Estado Sitio 3398 de 1965, durante el gobierno de Guillermo León Valencia, estableció como parte de la "defensa nacional" los grupos de justicia privada. En cierta forma este decreto adopta las recomendaciones del general estadounidense William Yarborough, quien aconsejaba a las auto autoridades colombianas la nación de grupos anticomunistas de choque contra "la oposición doméstica o nacional".

9. Arregi Ion-Giraldo, Javier: *Colombia: Un pueblo sentenciado a muerte. El paramilitarismo una criminal política de Estado que devora al país*. Hirugarren mundua ta bakea. Donostia 1998, p. 163.

10. Los libros *El Terrorismo de Estado en Colombia* y *Los pasos perdidos de la guerra sucia*, publicados en el exterior por ONG internacionales, y

el documento "Paramilitarismo como política contrainsurgente del Estado" entregado por las FARC-EP al Gobierno de Andrés Pastrana en el marco de la Mesa de Diálogo de San Vicente del Caguán, abundan en pruebas, datos. informaciones y hechos concretos de la colaboración de mandos militares, latifundistas y ganaderos con los crímenes del paramilitarismo. Además existe abundante bibliografía aparecida en el ultimo tiempo, sumada a los informes anuales de Amnistía Internacional, Americas Watch y para el colmo del militarismo hasta del Departamento de Estado norteamericano, que aportan hechos y nombres concretos.

11. Medina Gallego Carlos y Mireya Téllez Ardila. *Op. Cit.* Prólogo, p. 17.

12. Documentos de la Cumbre de las Autodefensas Unidas de Colombia, 1998, p. 42. Archivo del autor.

13. Citado por las FARC-EP en "Paramilitarismo como política contra-insurgente del Estado", documento entregado al Gobierno de Andrés Pastrana con denuncias concretas sobre la actividad de estos grupos y las complicidades civiles y militares con ellas. Archivo del autor.

14. Un ejemplo es La finca "La Secreta", a pocos kilómetros del corregimiento de Pavarandó (municipio de Mutatá Antioquia). Desde diciembre de 1997, la Oficina y organismos de control del Estado han recibido reiterativas quejas que señalan esta finca como un campamento desde donde los paramilitares preparan sus acciones y se acuartelan. Sin embargo, nunca hubo una intervención del lugar por parte de la fuerza pública, hasta que en noviembre de 1998 las FARC atacaron la finca, con el resultado de probablemente mas de 30 muertos, Con posterioridad al ataque, las Autodefensas Campesinas Unidas de Colombia reconocieran que la conocida finca era un campamento de su organización, mientras el comandante de la XVII Brigada del Ejército, responsable de la región, confirmó el dato. (Nota 1 del Informe de la Alta Comisionada de las Naciones Unidas para las Derechos Humanos. *Op. Cit.*, p. 41).

15. La Defensoría del Pueblo reportó paras sólo la primera mitad de 1998 un total de 119 masacres con un total de 679 victimas. La tercera parte de las victimas se dio en el departamento de Antioquia, seguido por Santander, Cundinamarca, Meta, Valle, Bolívar y Putumayo. Un aspecto particularmente grave de esta serie homicidios masivos es pie, según la misma Defensoría, 81 de las masacres referidas fueron públicamente anunciadas por sus perpetradores, en su gran mayoría los grupos paramilitares. (Nota 4 del Informe de la Alta Comisionada. *Op. Cit.*, p. 41).

16. Informe de la Alta Comisionada de Naciones Unidas para los Derechos Humanos. *Op. Cit.*, p. 11–14.

17. Ese reconocimiento político lo eliminó del texto de la ley el fallo de constitucionalidad de la Corte Constitucional, que la modificó en algunos aspectos, aunque en el fondo la avaló para que se cumpliera la impunidad de los crímenes del paramilitarismo.

18. En el afán de mostrar resultados en la llamada desmovilización de las "AUC" el Gobierno de Uribe Vélez al comienzo dio la cifra de 8 mil integrantes de los grupos paramilitares, dos años después fueron 30 mil, según las cifras, los "desmovilizados" y hasta agosto de 2006 apenas eran 2,300 los que estaba incluidos en la lista entregada a la Fiscalía para estudiar su situación jurídica a la luz de la "ley de justicia y paz".

19. Conclusiones del XIX Congreso. *Op. Cit.*, p. 16 y 17.

6. Las partes del conflicto

1. A pesar de la prédica de la derecha y de los reformistas de viejo y nuevo cuño en el sentido de que la lucha de clases es un anacronismo, esta, en tanto ley del desarrollo social, descubierta por Marx y Engels, es manifestación objetiva del contexto político y social, motor automático de la historia, y no depende del capricho de los hombres o de una clase social, menos de la pluma tendenciosa de los ideólogos del capitalismo.

2. Maquiavelo, Nicolás de: *El Príncipe*. Editorial Andreus Ltda., 1979, p. 80.

3. Jaramillo Vélez, Rubén: *Colombia: modernidad postergada*. Ediciones Argumentos. Segundo edición, 1988, p. 6.

4. Marx, Carlos y Federico Engels: *Obras escogidas en un tomo*. Engels: "Contribución a la historia de La Liga de los Comunistas", p. 459.

5. Marx, Carlos y Federico Engels: *Op. Cit*. Marx: "Prologo a la Contribución a la crítica de la Economía Política", p. 182.

6. Marx, Carlos y Federico Engels: *Op. Cit.* "Carta de Marx a Pavel Vasilievich Annekov", p. 693.

7. Marx, Carlos y Federico Engels: *Op. Cit.* Engels: *Ludwig Feuerbach y el fin de la filosofía clásica alemana*, p. 647.

8. Jaramillo Vélez, Rubén. *Op. Cit.* "El naufragio de la sociedad civil", p. 54.

9. Gilberto Vieira fue Secretario General del Partido Comunista Colombiano por cerca de cuarenta años. Caracterizado como el comunista más sobresaliente del siglo pasado. Hizo importantes aportes a la aplicación creadora del marxismo leninismo a la realidad colombiana.

7. El intervencionismo del imperialismo norteamericano

1. Fidel Castro calificó a la Organización de Estados Americanos como el "ministerio de colonias" de los Estados Unidos, para designar con precisión la sujeción de los gobiernos oligárquicos del continente a los dictados de la Casa Blanca.

2. De Santa Fe I a Santa Fe II: *El imperio América Latina.* Prólogo de Manuel Cepeda. Ediciones Suramérica, 1989, p. 16.

3. Los Documentos Santa Fe I y Santa Fe II fueron publicados en exclusiva por primera vez en Colombia en el semanario *Voz*, en 1988, y luego recogidos en un texto prologado por Manuel Cepeda en edición denuncia del Partido Comunista Colombiano.

4. Santa Fe I fue elaborado por el Francis Bouchey, Roger W. Fontaine, David C. Jordan y Gordon Sumner El editor fue Lewis Tambs, luego embajador en Colombia caracterizado por su abierto y descarado intervencionismo. Manuel Cepeda lo apodó el "Virrey Tambs". En la redacción de Santa Fe II participaron: L. Francis (Lynn) Bouchey, Roger W Fontaine, David C. Jordan y el general Gordon Summer.

5. De Santa Fe I a Santa Fe II *Op. Cit.,* p. 106.

6. De Santa Fe I a Santa Fe II *Op. Cit.,* p. 72.

7. Bermúdez, Lilia: *Guerra de Baja Intensidad. Reagan contra Centroamérica.* Citado por la autora de *Low Intensity Conflict*, documento elaborado para U.S. Army, de Robert H. Kupperman Associates, Siglo XXI Editores 1987, p. 82.

8. "Guerra de Baja Intensidad: política estadounidense en el Tercer Mundo". Publicado en *Ice* revista del Centro de Estudios Militares General Carlos

Prats, organización de militares demócratas y patriotas de América Latina. No. 1. 1986, p. 20.

9. Guerra de Baja Intensidad (…) *Op. Cit.*, p. 21.

10. López, Michael: *Revista de Derechos Humanos de Justicia y Paz,* Vol. 1, No. 3, julio-diciembre de 1996, p. 27-43.

11. Nombre con el que se conoce a los recolectores de la hoja del coca en el campo colombiano.

12. Informe de Human Rights Watch: *El papel de los Estados Unidos.* 1996. Citado por Arregi Ion-Giraldo Javier. *Op. Cit.*, p. 267.

13. Ramonet, Ignacio: *Fidel Castro. Biografía a dos voces.* Random House Mondadori S.A. Debate, España, 2006, p. 498 y 499.

14. Nieto, Clara: *Los amos de la guerra. Intervencionismo de EE UU en América Latina. De Eisenhower a G.W. Bush.* Random House Mondadori S.A. Debate, 2005, p. 574.

15. Nieto, Clara. *Op. Cit.*

16. *Punto de Encuentro,* revista de Indepaz, Bogotá, mayo 2006, p. 43.

17. Punto de Encuentro. *Op. Cit.* Artículo "El Papel el Plan Colombia. Gastos para combatir a la guerrilla", de Diego Fernndo Otero Prada, p. 39.

8. De los diálogos del Caguán al Plan Patriota

1. Álvaro Gómez Hurtado, político conservador, representante de la ultra-derecha, hijo de Laureano Gómez, a quien apodaban "El Monstruo", uno de los responsables de la violencia en Colombia de la década de los años cuarenta y cincuenta cuando comenzó el conflicto armado, fue sacrificado por sus propios amigos, todo con el fin de precipitar la salida violenta de la crisis del gobierno Samper. Gómez Hurtado, en los años sesenta, adelantó el debate contra las llamadas "repúblicas independientes", que desató el ataque militar a las regiones agrarias conocidas como Marquetalia, Riochiquito, el Pato y Guayabero, que atizaron el conflicto actual y precipitaron la creación de las FARC, lideradas desde entonces por Manuel Marulanda Vélez.

2. Fue la época del célebre proceso 8 mil que llevó a la cárcel a numerosos dirigentes políticos, deportivos y periodistas por sus vínculos con el nar-

cotráfico, aunque en reducido número, en comparación con el tamaño del fenómeno. Varios de los políticos condenados y/o familiares de estos, están vinculados al gobierno de Uribe Vélez en la actualidad.

3. Después de nueve meses de negociación, con la oposición de los altos mandos militares, el presidente Samper aceptó el despeje de la Fuerza Pública del municipio de Cartagena del Chairá, departamento de Caquetá, al sur del país, para la entrega de los militares considerados por las FARC prisioneros de guerra. El comandante Manuel Marulanda envió un comunicado público, con propuestas concretas, para establecer diálogos de paz. Samper, inmerso en la crisis política, no fue capaz de dar ese paso.

4. Con el nombre de "esperanzados" se conoció a los desmovilizados del Ejército Popular de Liberación (EPL), guerrilla maoísta, mediante un acuerdo llamado de paz, pero la mayoría de sus dirigentes terminaron cooptados por el sistema o colaborando con los paramilitares. Su papel fue definitivo en el exterminio de la izquierda en la rica región de Urabá, en la zona bananera colombiana. Un grupo del EPL que no entregó las armas, continúa en la lucha guerrillera, orientado por el PCML.

5. Ver Presentación de este libro, p. 6.

6. Principal base militar en el centro del país. Allí funciona la Brigada Décima del Ejército y el principal centro de instrucción de la lucha contraguerrillas.

7. Ver Introducción de este libro, los aspectos positivos de lo diálogos del Caguán, p. 33 y 34.

8. El presidente Álvaro Uribe Vélez, despúes de negarlo, promovió una reforma constitucional para establecer la reelección en su favor. Al final lo logró, gracias a la instrumentalización del Estado, de poner en su favor a los caciques clientelistas locales liberales y conservadores, del proselitismo armado de los paramilitares y a la abierta campaña de los altos funcionarios públicos y los militares. En las elecciones hubo una abstención del 56% de los electores.

9. Conclusiones del XIX Congreso del Partido Comunista Colombiano. *Op. Cit.*, p. 15.

10. *Coyuntura de Seguridad* No. 13. Revista de la Fundación Seguridad & Democracia. Informe Especial "La seguridad en los últimos tres períodos presidenciales 1994–2006", p. 25.

11. Coyuntura de Seguridad No. 13. *Op. Cit.,* p. 29.

12. Coyuntura de Seguridad No. 13. *Op. Cit.,* p. 30.

13. Coyuntura de Seguridad No. 13. *Op. Cit.,* p. 31.

14. Con el nombre de El Embrujo autoritario y El Embrujo continúa, varias ONG colombianas enjuiciaron en extensos y documentados informes al gobierno de Álvaro Uribe Vélez en todos los dominios de la vida nacional. El Presidente reaccionó de manera airada y calificó a las ONG y a sus directivos de ser colaboradores del terrorismo.

9. El segundo periodo presidencial de Álvaro Uribe Vélez

1. Carta Abierta del Secretariado de las FARC-EP a los representantes de los tres poderes públicos, octubre primero de 2006. Publicada en el semanario *Voz,* en la edición 2362, del 4 al 10 de octubre de 2006.

UN SIGLO DE TERROR EN AMÉRICA LATINA
Una crónica de crímenes contra la humanidad
Por Luis Suárez Salazar

Una visión panorámica de la historia de las intervenciones y crímenes de guerra de los Estados Unidos en América Latina durante los últimos 100 años. Las dinámicas sociales en América Latina y su desarrollo e inevitable enfrentamiento al modelo de dominación imperialista son profusamente documentadas en este volumen junto a las raíces de los procesos y caminos que caracterizan la historia del continente.

596 páginas, ISBN 1-920888-49-7

VENEZUELA Y CHÁVEZ
Por Fidel Castro

Este libro compila, en un solo volumen, las palabras pronunciadas por Fidel en diversas ocasiones en discursos, cartas y actos públicos, entre 1959 y 2006, dedicados al pueblo venezolano, reforzando los lazos históricos y de solidaridad que existen entre ambas naciones desde su misma formación. Es precisamente a la unidad, soñada por Bolívar y Martí, a que se refiere este libro, en las reflexiones, advertencias y premoniciones de Fidel.

336 páginas, ISBN 1-921235-04-7

LA UNIDAD LATINOAMERICANA
Por Hugo Chávez

La unidad latinoamericana reúne en un solo volumen los discursos más demostrativos que Hugo Chávez, Presidente de la República Bolivariana de Venezuela, ha dado entre 1999 y 2006 en varios países de América Latina y los Estados Unidos. Como promotor de la transformación de la historia contemporánea de América Latina, Chávez habla ante universitarios, activistas políticos, diplomáticos en las Naciones Unidas, trabajadores y su pueblo, dando a conocer su visión bolivariana y llamando a la integración real de los pueblos del mundo.

352 páginas, ISBN 1-921235-05-5

AMÉRICA LATINA
Despertar de un continente
Por Ernesto Che Guevara

La presente antología lleva al lector de la mano, a través de un ordenamiento cronológico y de diversos estilos, por tres etapas que conforman la mayor parte del ideario y el pensamiento de Che sobre América Latina.

495 páginas, ISBN 1-876175-71-0

CHE GUEVARA Y LA REVOLUCIÓN LATINOAMERICANA

Por Manuel "Barbarroja" Piñeiro

"Intentar reducir al Che Guevara a un símbolo cultural es una vulgar simplificación... El Che vive donde quiera que haya una injusticia por superar, y donde quiera que haya un hombre o una mujer dispuesto o dispuesta a entregar sus energías, sus esfuerzos, su inteligencia, incluyendo su vida a la inmensa tarea de construir una sociedad, un mundo más digno, humano, solidario, mejor..." —Manuel "Barbarroja" Piñeiro.

300 páginas, ISBN 1-920888-85-3

CUBA Y VENEZUELA

Reflexiones y debates

Por Germán Sánchez

Cuba y Venezuela es un resumen analítico sobre la Revolución cubana, y a la vez una comparación histórica entre la misma y el proceso de cambios que hoy acontece en Venezuela con la Revolución bolivariana. A través de entrevistas, artículos de prensa y materiales sobre temas comunes a ambos países en el ámbito cultural, comercial, diplomático, político y otros, el autor nos lleva paso a paso a descubrir los fundamentos y los principios de los vínculos entre los pueblos venezolano y cubano en este inicio de milenio.

324 páginas, ISBN 1-920888-34-9

CHE EN LA MEMORIA DE FIDEL CASTRO

Por Fidel Castro

Una biografía clásica. Fidel Castro escribe, con enorme franqueza y emoción, acerca del histórico compañerismo revolucionario que cambió el rostro de Cuba y América Latina. Fidel crea un vivo retrato de Che Guevara —el hombre, el revolucionario, el intelectual—, revelando diversos aspectos sobre su inimitable determinación y carácter. En la nueva edición de estas memorias políticas se incluye el discurso que dio Fidel al regreso de los restos del Che a Cuba, 30 años después de su asesinato en Bolivia en 1967, y ofrece una franca evaluación de la misión boliviana.

206 páginas, ISBN 1-921235-02-0

PASAJES DE LA GUERRA REVOLUCIONARIA
Edición autorizada
Por Ernesto Che Guevara
Prefacio por Aleida Guevara
Un escrito clásico que recuenta la guerra popular que transformó a un pueblo entero, y transformó al mismo Che —desde médico de las tropas a revolucionario reconocido a través del mundo—. Con un prefacio por Aleida Guevara, hija de Che Guevara, y una nueva edición que incluye las correcciones propias del autor.
320 páginas, ISBN 1-920888-36-5

APUNTES CRÍTICOS A LA ECONOMÍA POLÍTICA
Por Ernesto Che Guevara
Primera publicación de los escritos, hasta ahora inéditos, sobre el controversial y crítico análisis del Che Guevara sobre el modelo económico soviético. Como ministro de Industrias y luego como presidente del Banco Nacional de Cuba, Che Guevara preparó este manuscrito para comparar la experiencia cubana con la del bloque soviético. Con amplios apéndices, esta es una antología completa del pensamiento del Che sobre economía política.
430 páginas, ISBN 1-920888-63-2

AMÉRICA, MI HERMANO, MI SANGRE
Un canto latinoamericano de dolor y resistencia
Por Oswaldo Guayasamín y Pablo Neruda
En una colaboración histórica entre la Fundación Guayasamín, la Fundación Pablo Neruda y las editoriales Ocean Press y Ocean Sur, se unen por vez primera la obra de dos de los artistas más importantes de América Latina, el poeta Pablo Neruda y el pintor Oswaldo Guayasamín.

Con texto bilingüe en inglés y español, este libro utiliza extractos de la obra magistral de Neruda, *Canto General*, junto con pinturas de todos los periodos claves de la obra de Guayasamín a través de su larga carrera artística. *América, Mi Hermano, Mi Sangre* da vida a las batallas, derrotas, victorias y héroes de la historia de resistencia de América Latina.

Oswaldo Guayasamín es señalado por los especialistas como el sucesor de Diego Rivera. Este es el primer libro editado con una selección de sus cuadros.
120 páginas, ISBN 1-920888-73-X

REBELIÓN TRICONTINENTAL
Las voces de los condenados de la tierra de Asia, África y América Latina
Editado por Ulises Estrada y Luis Suárez
"No ha existido ninguna batalla legítima ni causa que reclame justicia en África, Asia o América Latina, donde haya faltado el mensaje de apoyo y aliento de los luchadores del Tercer Mundo que militan en las filas de la solidaridad tricontinental, organizados en la OSPAAAL". —Fidel Castro
Una amplia selección de trabajos publicados en la revista *Tricontinental* que agrupa por primera vez lo mejor del pensamiento radical sobre las luchas y problemas más significativos del movimiento revolucionario del Tercer Mundo de la década de los 60 hasta el presente.
500 páginas, ISBN 1-920888-58-6

MANIFIESTO
Tres textos clásicos para cambiar el mundo
Ernesto Che Guevara, Rosa Luxemburgo, Carlos Marx y Federico Engels
Prefacio por Adrienne Rich, Introducción por Armando Hart
"Si es curioso y sensible a la vida que existe a su alrededor, si le preocupa por qué, cómo y por quiénes se tiene y se utiliza el poder político, si siente que tienen que haber buenas razones intelectuales para su intranquilidad, si su curiosidad y sensibilidad lo llevan a un deseo de actuar con otros, para 'hacer algo', ya tiene mucho en común con los autores de los tres ensayos que contiene este libro". —Adrienne Rich, Prefacio a *Manifiesto*
186 páginas, ISBN 1-920888-13-6

MARX, ENGELS Y LA CONDICIÓN HUMANA
Una visión desde Latinoamérica
Por Armando Hart
Los materiales que integran la presente recopilación, constituyen una muestra de la recepción y actualización que hizo el autor de las ideas de Marx y Engels a partir de la tradición revolucionaria cubana, tras los difíciles momentos del derrumbe del campo socialista en Europa Oriental y la Unión Soviética, hasta la actualidad.
240 páginas, ISBN 1-920888-20-9

CHÁVEZ: UN HOMBRE QUE ANDA POR AHÍ

Una entrevista con Hugo Chávez por Aleida Guevara

Aleida Guevara, médico pediatra e hija mayor del Che Guevara, entrevistó al Presidente Hugo Chávez en febrero del 2004. La entrevista lleva al lector a descubrir la Revolución bolivariana y a la vez toda la falsedad que esgrimen sus enemigos. Cubre el proceso bolivariano que intenta darle una vida digna a los que por siglos han sido olvidados y explotados.

145 páginas, ISBN 1-920888-22-5

SOCIALISMO, LIBERACIÓN Y DEMOCRACIA
En el horno de los noventa

Por Fernando Martínez Heredia

Los trabajos que conforman la presente selección, están marcados por la impronta de la última década del siglo XX. En ellos el autor explora las tendencias que durante la misma fueron haciéndose visibles o maduraron en el pensamiento socialista, la democracia y la sociedad.

Demuestra porqué el pensamiento socialista de cara al siglo XXI debe ser audaz, honesto, creativo y pretender lo que pudiera parecer imposible, empleando para ello el combustible del debate con el fin de que nunca se estanque.

310 páginas, ISBN 1-920888-83-7

DE VALENCIA A BAGDAD
Los intelectuales y la defensa de la humanidad

Por Eliades Acosta

En el 2005 Jean Paul Sartre recibía, como regalo de centenario, el regreso del compromiso de los intelectuales. Un año antes, congregados en Caracas, cientos de ellos enfrentaban el proyecto imperialista de los neo-conservadores norteamericanos y decían adiós a la desmovilización, el desaliento y la soledad. Hugo Chávez exhortaba a tomar la ofensiva para salvar a la Humanidad de la pobreza, las guerras y el capitalismo, mientras Bagdad ardía, como una Guernica postmoderna. Trayendo el sol de la Valencia republicana en los huesos renacía una tradición combativa, y se reiniciaba la larga marcha. De todo ello trata este libro.

288 páginas, ISBN 1-920888-80-2

UNA GUERRA PARA CONSTRUIR LA PAZ
Por Schafik Handal
Esta es una breve reseña del proceso histórico de la revolución en en El Salvador. Contiene escritos de Schafik Handal, líder histórico del FMLN, a cerca de la historia política de El Salvador a lo largo del siglo XX, que explica las causas de la guerra en el país y su finalización por medio de la negociación de acuerdos políticos. Incluye discursos y entrevistas que Schafik diera en los diferentes momentos del proceso de negociación y firma de los Acuerdos de Paz, el 16 de enero de 1992, en Chapultepec, México, y el cese del enfrentamiento armado en diciembre del mismo año; así mismo incluye la denuncia que él hizo años más tarde sobre el incumplimiento de los Acuerdos de Paz, su retroceso y tergiversación en los últimos años.
160 páginas, ISBN 1-921235-13-6

AMÉRICA LATINA ENTRE SIGLOS
Dominación, crisis, lucha social y alternativas políticas de la izquierda
Por Roberto Regalado
América Latina entre siglos sintetiza las vivencias y reflexiones acumuladas por un testigo privilegiado, activo participante durante más de 30 años en los debates de la izquierda latinoamericana y caribeña. La sujeción a un esquema de dominación foránea cualitativamente superior al de posguerra; el agravamiento de la crisis capitalista; el auge de las luchas populares; y las redefiniciones estratégicas y tácticas de los partidos y movimientos políticos de izquierda son las características de la situación latinoamericana actual.
277 páginas, ISBN 1-921235-00-4

EL DIARIO DEL CHE EN BOLIVIA
Edición autorizada
Por Ernesto Che Guevara
Prólogo por Camilo Guevara, Introducción por Fidel Castro
El último de los diarios del Che, encontrado en su mochila en octubre de 1967, se convirtió de forma instantánea en uno de sus libros más célebres. La edición que se le entrega al lector ha sido revisada e incluye un prefacio de su hijo, Camilo Guevara, así como algunas fotos inéditas de la contienda.
291 páginas, ISBN 1-920888-30-6

ocean
sur

www.oceansur.com
www.oceanbooks.com.au